T&P BOOKS

JAPONÊS
VOCABULÁRIO

PALAVRAS MAIS ÚTEIS

PORTUGUÊS
JAPONÊS

Para alargar o seu léxico e apurar
as suas competências linguísticas

3000 palavras

Vocabulário Português-Japonês - 3000 palavras

Por Andrey Taranov

Os vocabulários da T&P Books destinam-se a ajudar a aprender, a memorizar, e a rever palavras estrangeiras. O dicionário é dividido em temas, cobrindo todas as principais esferas de atividades quotidianas, negócios, ciência, cultura, etc.

O processo de aprendizagem, utilizando os dicionários baseados em temáticas da T&P Books dá-lhe as seguintes vantagens:

- Informação de origem corretamente agrupada predetermina o sucesso em fases subsequentes da memorização de palavras
- Disponibilização de palavras derivadas da mesma raiz, o que permite a memorização de unidades de texto (em vez de palavras separadas)
- Pequenas unidades de palavras facilitam o processo de estabelecimento de vínculos associativos necessários para a consolidação do vocabulário
- O nível de conhecimento da língua pode ser estimado pelo número de palavras aprendidas

T&P Books Publishing
www.tpbooks.com

ISBN: 978-1-78400-974-8

Este livro também está disponível em formato E-book.
Por favor visite www.tpbooks.com ou as principais livrarias on-line.

VOCABULÁRIO JAPONÊS
palavras mais úteis

Os vocabulários da T&P Books destinam-se a ajudar a aprender, a memorizar, e a rever palavras estrangeiras. O vocabulário contém mais de 3000 palavras de uso comum organizadas tematicamente.

O vocabulário contém as palavras mais comummente usadas
Recomendado como adicional para qualquer curso de línguas
Satisfaz as necessidades dos iniciados e dos alunos avançados de línguas estrangeiras
Conveniente para o uso diário, sessões de revisão e atividades de auto-teste
Permite avaliar o seu vocabulário

Características especias do vocabulário

* As palavras estão organizadas de acordo com o seu significado, e não por ordem alfabética
* As palavras são apresentadas em três colunas para facilitar os processos de revisão e auto-teste
* As palavras compostas são divididas em pequenos blocos para facilitar o processo de aprendizagem
* O vocabulário oferece uma transcrição simples e adequada de cada palavra estrangeira

O vocabulário contém 101 tópicos incluindo:

Conceitos básicos, Números, Cores, Meses, Estações do ano, Unidades de medida, Roupas & Acessórios, Alimentos & Nutrição, Restaurante, Membros da Família, Parentes, Caráter, Sentimentos, Emoções, Doenças, Cidade, Passeios, Compras, Dinheiro, Casa, Lar, Escritório, Trabalho no Escritório, Importação & Exportação, Marketing, Pesquisa de Emprego, Desportos, Educação, Computador, Internet, Ferramentas, Natureza, Países, Nacionalidades e muito mais ...

TABELA DE CONTEÚDOS

Guia de pronunciação   8
Abreviaturas   9

CONCEITOS BÁSICOS   10

1. Pronomes   10
2. Cumprimentos. Saudações   10
3. Questões   11
4. Preposições   11
5. Palavras funcionais. Advérbios. Parte 1   12
6. Palavras funcionais. Advérbios. Parte 2   13

NÚMEROS. DIVERSOS   15

7. Números cardinais. Parte 1   15
8. Números cardinais. Parte 2   16
9. Números ordinais   16

CORES. UNIDADES DE MEDIDA   17

10. Cores   17
11. Unidades de medida   17
12. Recipientes   18

VERBOS PRINCIPAIS   20

13. Os verbos mais importantes. Parte 1   20
14. Os verbos mais importantes. Parte 2   21
15. Os verbos mais importantes. Parte 3   21
16. Os verbos mais importantes. Parte 4   22

TEMPO. CALENDÁRIO   24

17. Dias da semana   24
18. Horas. Dia e noite   24
19. Meses. Estações   25

VIAGENS. HOTEL	28
20. Viagens	28
21. Hotel	28
22. Turismo	29

TRANSPORTES	31
23. Aeroporto	31
24. Avião	32
25. Comboio	33
26. Barco	34

CIDADE	36
27. Transportes urbanos	36
28. Cidade. Vida na cidade	37
29. Instituições urbanas	38
30. Sinais	39
31. Compras	40

VESTUÁRIO & ACESSÓRIOS	42
32. Roupa exterior. Casacos	42
33. Vestuário de homem & mulher	42
34. Vestuário. Roupa interior	43
35. Adereços de cabeça	43
36. Calçado	43
37. Acessórios pessoais	44
38. Vestuário. Diversos	44
39. Cuidados pessoais. Cosméticos	45
40. Relógios de pulso. Relógios	46

EXPERIÊNCIA DO QUOTIDIANO	47
41. Dinheiro	47
42. Correios. Serviço postal	48
43. Banca	48
44. Telefone. Conversação telefónica	49
45. Telefone móvel	50
46. Estacionário	50
47. Línguas estrangeiras	51

REFEIÇÕES. RESTAURANTE	53
48. Por a mesa	53
49. Restaurante	53
50. Refeições	53
51. Pratos cozinhados	54
52. Comida	55

53.	Bebidas	57
54.	Vegetais	58
55.	Frutos. Nozes	58
56.	Pão. Bolaria	59
57.	Especiarias	60

INFORMAÇÃO PESSOAL. FAMÍLIA — 61

58.	Informação pessoal. Formulários	61
59.	Membros da família. Parentes	61
60.	Amigos. Colegas de trabalho	62

CORPO HUMANO. MEDICINA — 64

61.	Cabeça	64
62.	Corpo humano	65
63.	Doenças	65
64.	Sintomas. Tratamentos. Parte 1	67
65.	Sintomas. Tratamentos. Parte 2	68
66.	Sintomas. Tratamentos. Parte 3	69
67.	Medicina. Drogas. Acessórios	69

APARTAMENTO — 71

68.	Apartamento	71
69.	Mobiliário. Interior	71
70.	Quarto de dormir	72
71.	Cozinha	72
72.	Casa de banho	73
73.	Eletrodomésticos	74

A TERRA. TEMPO — 75

74.	Espaço sideral	75
75.	A Terra	76
76.	Pontos cardeais	77
77.	Mar. Oceano	77
78.	Nomes de Mares e Oceanos	78
79.	Montanhas	79
80.	Nomes de montanhas	80
81.	Rios	80
82.	Nomes de rios	81
83.	Floresta	81
84.	Recursos naturais	82
85.	Tempo	83
86.	Tempo extremo. Catástrofes naturais	84

FAUNA — 86

87.	Mamíferos. Predadores	86
88.	Animais selvagens	86

89. Animais domésticos   87
90. Pássaros   88
91. Peixes. Animais marinhos   90
92. Amfíbios. Répteis   90
93. Insetos   91

FLORA   92

94. Árvores   92
95. Arbustos   92
96. Frutos. Bagas   93
97. Flores. Plantas   94
98. Cereais, grãos   95

PAÍSES DO MUNDO   96

99. Países. Parte 1   96
100. Países. Parte 2   97
101. Países. Parte 3   97

GUIA DE PRONUNCIAÇÃO

Alfabeto fonético T&P	Hiragana	Katakana	Romaji	Exemplo Japonês	Exemplo Português

Consoantes

Alfabeto fonético T&P	Hiragana	Katakana	Romaji	Exemplo Japonês	Exemplo Português
[a]	あ	ア	a	あなた	chamar
[i], [i:]	い	イ	i	いす	sinónimo
[u], [u:]	う	ウ	u	うた	bonita
[e]	え	エ	e	いいえ	metal
[ɔ]	お	オ	o	しお	emboço
[ja]	や	ヤ	ya	やすみ	Himalaias
[ju]	ゆ	ユ	yu	ふゆ	nacional
[jɔ]	よ	ヨ	yo	ようす	ioga

Sílabas

Alfabeto fonético T&P	Hiragana	Katakana	Romaji	Exemplo Japonês	Exemplo Português
[b]	ば	バ	b	ばん	barril
[ʧ]	ち	チ	ch	ちち	Tchim-tchim!
[d]	だ	ダ	d	からだ	dentista
[f]	ふ	フ	f	ひふ	safári
[g]	が	ガ	g	がっこう	gosto
[h]	は	ハ	h	はは	[h] aspirada
[ʤ]	じ	ジ	j	じしょ	adjetivo
[k]	か	カ	k	かぎ	kiwi
[m]	む	ム	m	さむらい	magnólia
[n]	に	ニ	n	にもつ	natureza
[p]	ば	バ	p	パン	presente
[r]	ら	ラ	r	いくら	riscar
[s]	さ	サ	s	あさ	sanita
[ɕ]	し	シ	sh	わたし	shiatsu
[t]	た	タ	t	ふた	tulipa
[ʦ]	つ	ツ	ts	いくつ	tsé-tsé
[w]	わ	ワ	w	わた	página web
[dz]	ざ	ザ	z	ざっし	pizza

ABREVIATURAS
usadas no vocabulário

Abreviaturas do Português

adj	-	adjetivo
adv	-	advérbio
anim.	-	animado
conj.	-	conjunção
desp.	-	desporto
etc.	-	etecetra
ex.	-	por exemplo
f	-	nome feminino
f pl	-	feminino plural
fem.	-	feminino
inanim.	-	inanimado
m	-	nome masculino
m pl	-	masculino plural
m, f	-	masculino, feminino
masc.	-	masculino
mat.	-	matemática
mil.	-	militar
pl	-	plural
prep.	-	preposição
pron.	-	pronome
sb.	-	sobre
sing.	-	singular
v aux	-	verbo auxiliar
vi	-	verbo intransitivo
vi, vt	-	verbo intransitivo, transitivo
vr	-	verbo reflexivo
vt	-	verbo transitivo

CONCEITOS BÁSICOS

1. Pronomes

eu	私	watashi
tu	あなた	anata
ele	彼	kare
ela	彼女	kanojo
nós	私たち	watashi tachi
vocês	あなたがた	anata ga ta
eles, elas	彼らは	karera wa

2. Cumprimentos. Saudações

Olá!	やあ！	yā!
Bom dia! (formal)	こんにちは！	konnichiwa!
Bom dia! (de manhã)	おはよう！	ohayō!
Boa tarde!	こんにちは！	konnichiwa!
Boa noite!	こんばんは！	konbanwa!
cumprimentar (vt)	こんにちはと言う	konnichiwa to iu
Olá!	やあ！	yā!
saudação (f)	挨拶	aisatsu
saudar (vt)	挨拶する	aisatsu suru
Como vai?	お元気ですか？	wo genki desu ka?
Como vais?	元気？	genki ?
O que há de novo?	調子はどう？	chōshi ha dō ?
Até à vista!	さようなら！	sayōnara!
Adeus! (formal)	さようなら！	sayōnara!
Até à vista! (informal)	バイバイ！	baibai!
Até breve!	じゃあね！	jā ne!
Adeus!	さらば！	saraba !
despedir-se (vr)	別れを告げる	wakare wo tsugeru
Até logo!	またね！	mata ne!
Obrigado! -a!	ありがとう！	arigatō!
Muito obrigado! -a!	どうもありがとう！	dōmo arigatō!
De nada	どういたしまして	dōitashimashite
Não tem de quê	礼なんていいよ	rei nante ī yo
De nada	どういたしまして	dōitashimashite
Desculpa!	失礼！	shitsurei!
Desculpe!	失礼致します！	shitsurei itashi masu!
desculpar (vt)	許す	yurusu
desculpar-se (vr)	謝る	ayamaru

As minhas desculpas	おわび致します！	owabi itashi masu!
Desculpe!	ごめんなさい！	gomennasai!
perdoar (vt)	許す	yurusu
Não faz mal	大丈夫です！	daijōbu desu!
por favor	お願い	onegai
Não se esqueça!	忘れないで！	wasure nai de!
Certamente! Claro!	もちろん！	mochiron!
Claro que não!	そんなことないよ！	sonna koto nai yo!
Está bem! De acordo!	オーケー！	ōkē!
Basta!	もう十分だ！	mō jūbun da!

3. Questões

Quem?	誰？	dare ?
Que?	何？	nani ?
Onde?	どこに？	doko ni ?
Para onde?	どちらへ？	dochira he ?
De onde?	どこから？	doko kara ?
Quando?	いつ？	itsu ?
Para quê?	なんで？	nande ?
Porquê?	どうして？	dōshite ?
Para quê?	何のために？	nan no tame ni ?
Como?	どうやって？	dō yatte?
Qual?	どんな ？	donna?
Qual? (entre dois ou mais)	どちらの…？	dochira no …?
A quem?	誰に？	dare ni ?
Sobre quem?	誰のこと？	dare no koto ?
Do quê?	何のこと？	nannokoto ?
Com quem?	誰と？	dare to ?
Quantos? -as?	いくつ？	ikutsu ?
Quanto?	いくら？	ikura ?
De quem? (masc.)	誰のもの？	Dare no mono ?

4. Preposições

com (prep.)	…と、…と共に	… to, totomoni
sem (prep.)	…なしで	… nashi de
a, para (exprime lugar)	…へ	… he
sobre (ex. falar ~)	…について	… ni tsuite
antes de …	…の前に	… no mae ni
diante de …	…の正面に	… no shōmen ni
sob (debaixo de)	下に	shita ni
sobre (em cima de)	上側に	uwagawa ni
sobre (~ a mesa)	上に	ue ni
de (vir ~ Lisboa)	…から	… kara
de (feito ~ pedra)	…製の	… sei no
dentro de (~ dez minutos)	…で	… de
por cima de …	…を越えて	… wo koe te

5. Palavras funcionais. Advérbios. Parte 1

Onde?	どこに?	doko ni ?
aqui	ここで	kokode
lá, ali	そこで	sokode
em algum lugar	どこかで	doko ka de
em lugar nenhum	どこにも	doko ni mo
ao pé de …	近くで	chikaku de
ao pé da janela	窓辺に	mado beni
Para onde?	どちらへ?	dochira he ?
para cá	こちらへ	kochira he
para lá	そこへ	soko he
daqui	ここから	koko kara
de lá, dali	そこから	soko kara
perto	そばに	soba ni
longe	遠くに	tōku ni
perto de …	近く	chikaku
ao lado de	近くに	chikaku ni
perto, não fica longe	遠くない	tōku nai
esquerdo	左の	hidari no
à esquerda	左に	hidari ni
para esquerda	左へ	hidari he
direito	右の	migi no
à direita	右に	migi ni
para direita	右へ	migi he
à frente	前に	mae ni
da frente	前の	mae no
em frente (para a frente)	前方へ	zenpō he
atrás de …	後ろに	ushiro ni
por detrás (vir ~)	後ろから	ushiro kara
para trás	後ろへ	ushiro he
meio (m), metade (f)	中央	chūō
no meio	中央に	chūō ni
de lado	側面から	sokumen kara
em todo lugar	どこでも	doko demo
ao redor (olhar ~)	…の周りを	… no mawari wo
de dentro	中から	naka kara
para algum lugar	どこかへ	dokoka he
diretamente	真っ直ぐに	massugu ni
de volta	戻って	modotte
de algum lugar	どこからでも	doko kara demo
de um lugar	どこからか	doko kara ka

em primeiro lugar	第一に	dai ichi ni
em segundo lugar	第二に	dai ni ni
em terceiro lugar	第三に	dai san ni

de repente	急に	kyū ni
no início	初めは	hajime wa
pela primeira vez	初めて	hajimete
muito antes de …	…かなり前に	… kanari mae ni
de novo, novamente	新たに	arata ni
para sempre	永遠に	eien ni

nunca	一度も	ichi do mo
de novo	再び	futatabi
agora	今	ima
frequentemente	よく	yoku
então	あのとき	ano toki
urgentemente	至急に	shikyū ni
usualmente	普通は	futsū wa

a propósito, …	ところで、…	tokorode, …
é possível	可能な	kanō na
provavelmente	恐らく［おそらく］	osoraku
talvez	ことによると	kotoni yoru to
além disso, …	それに	soreni
por isso …	従って	shitagatte
apesar de …	…にもかかわらず	… ni mo kakawara zu
graças a …	…のおかげで	… no okage de

que (pron.)	何	nani
que (conj.)	…ということ	… toyuu koto
algo	何か	nani ka
alguma coisa	何か	nani ka
nada	何もない	nani mo nai

quem	誰	dare
alguém (~ teve uma ideia …)	ある人	aru hito
alguém	誰か	dare ka

ninguém	誰も…ない	dare mo … nai
para lugar nenhum	どこへも	doko he mo
de ninguém	誰の…でもない	dare no … de mo nai
de alguém	誰かの	dare ka no

tão	とても	totemo
também (gostaria ~ de …)	また	mata
também (~ eu)	も	mo

6. Palavras funcionais. Advérbios. Parte 2

Porquê?	どうして？	dōshite ?
por alguma razão	なぜか［何故か］	naze ka
porque …	なぜなら	nazenara
por qualquer razão	何らかの理由で	nanrakano riyū de
e (tu ~ eu)	と	to

ou (ser ~ não ser)	または	matawa
mas (porém)	でも	demo
para (~ a minha mãe)	…のために	… no tame ni
demasiado, muito	…すぎる	… sugiru
só, somente	もっぱら	moppara
exatamente	正確に	seikaku ni
cerca de (~ 10 kg)	約	yaku
aproximadamente	おおよそ	ōyoso
aproximado	おおよその	ōyosono
quase	ほとんど	hotondo
resto (m)	残り	nokori
o outro (segundo)	もう一方の	mōippōno
outro	他の	hokano
cada	各	kaku
qualquer	どれでも	dore demo
muitos, muitas	多くの	ōku no
muito	多量の	taryō no
muitas pessoas	多くの人々	ōku no hitobito
todos	あらゆる人	arayuru hito
em troca de …	…の返礼として	… no henrei toshite
em troca	引き換えに	hikikae ni
à mão	手で	te de
pouco provável	ほとんど…ない	hotondo … nai
provavelmente	恐らく［おそらく］	osoraku
de propósito	わざと	wazato
por acidente	偶然に	gūzen ni
muito	非常に	hijō ni
por exemplo	例えば	tatoeba
entre	間	kan
entre (no meio de)	…の間で	… no made
tanto	たくさん	takusan
especialmente	特に	tokuni

NÚMEROS. DIVERSOS

7. Números cardinais. Parte 1

zero	ゼロ	zero
um	一	ichi
dois	二	ni
três	三	san
quatro	四	yon
cinco	五	go
seis	六	roku
sete	七	nana
oito	八	hachi
nove	九	kyū
dez	十	jū
onze	十一	jū ichi
doze	十二	jū ni
treze	十三	jū san
catorze	十四	jū yon
quinze	十五	jū go
dezasseis	十六	jū roku
dezassete	十七	jū shichi
dezoito	十八	jū hachi
dezanove	十九	jū kyū
vinte	二十	ni jū
vinte e um	二十一	ni jū ichi
vinte e dois	二十二	ni jū ni
vinte e três	二十三	ni jū san
trinta	三十	san jū
trinta e um	三十一	san jū ichi
trinta e dois	三十二	san jū ni
trinta e três	三十三	san jū san
quarenta	四十	yon jū
quarenta e um	四十一	yon jū ichi
quarenta e dois	四十二	yon jū ni
quarenta e três	四十三	yon jū san
cinquenta	五十	go jū
cinquenta e um	五十一	go jū ichi
cinquenta e dois	五十二	go jū ni
cinquenta e três	五十三	go jū san
sessenta	六十	roku jū
sessenta e um	六十一	roku jū ichi

sessenta e dois	六十二	roku jū ni
sessenta e três	六十三	roku jū san
setenta	七十	nana jū
setenta e um	七十一	nana jū ichi
setenta e dois	七十二	nana jū ni
setenta e três	七十三	nana jū san
oitenta	八十	hachi jū
oitenta e um	八十一	hachi jū ichi
oitenta e dois	八十二	hachi jū ni
oitenta e três	八十三	hachi jū san
noventa	九十	kyū jū
noventa e um	九十一	kyū jū ichi
noventa e dois	九十二	kyū jū ni
noventa e três	九十三	kyū jū san

8. Números cardinais. Parte 2

cem	百	hyaku
duzentos	二百	ni hyaku
trezentos	三百	san byaku
quatrocentos	四百	yon hyaku
quinhentos	五百	go hyaku
seiscentos	六百	roppyaku
setecentos	七百	nana hyaku
oitocentos	八百	happyaku
novecentos	九百	kyū hyaku
mil	千	sen
dois mil	二千	nisen
De quem são ...?	三千	sanzen
dez mil	一万	ichiman
cem mil	10万	jyūman
um milhão	百万	hyakuman
mil milhões	十億	jūoku

9. Números ordinais

primeiro	第一の	dai ichi no
segundo	第二の	dai ni no
terceiro	第三の	dai san no
quarto	第四の	dai yon no
quinto	第五の	dai go no
sexto	第六の	dai roku no
sétimo	第七の	dai nana no
oitavo	第八の	dai hachi no
nono	第九の	dai kyū no
décimo	第十の	dai jū no

CORES. UNIDADES DE MEDIDA

10. Cores

cor (f)	色	iro
matiz (m)	色合い	iroai
tom (m)	色相	shikisō
arco-íris (m)	虹	niji
branco	白い	shiroi
preto	黒い	kuroi
cinzento	灰色の	haīro no
verde	緑の	midori no
amarelo	黄色い	kīroi
vermelho	赤い	akai
azul	青い	aoi
azul claro	水色の	mizu iro no
rosa	ピンクの	pinku no
laranja	オレンジの	orenji no
violeta	紫色の	murasaki iro no
castanho	茶色の	chairo no
dourado	金色の	kiniro no
prateado	銀色の	giniro no
bege	ベージュの	bēju no
creme	クリームの	kurīmu no
turquesa	ターコイズブルーの	tākoizuburū no
vermelho cereja	チェリーレッドの	cherī reddo no
lilás	ライラックの	rairakku no
carmesim	クリムゾンの	kurimuzon no
claro	薄い	usui
escuro	濃い	koi
vivo	鮮やかな •	azayaka na
de cor	色の	iro no
a cores	カラー…	karā …
preto e branco	白黒の	shirokuro no
unicolor	単色の	tanshoku no
multicor	色とりどりの	irotoridori no

11. Unidades de medida

peso (m)	重さ	omo sa
comprimento (m)	長さ	naga sa

largura (f)	幅	haba
altura (f)	高さ	taka sa
profundidade (f)	深さ	fuka sa
volume (m)	体積	taiseki
área (f)	面積	menseki

grama (m)	グラム	guramu
miligrama (m)	ミリグラム	miriguramu
quilograma (m)	キログラム	kiroguramu
tonelada (f)	トン	ton
libra (453,6 gramas)	ポンド	pondo
onça (f)	オンス	onsu

metro (m)	メートル	mētoru
milímetro (m)	ミリメートル	mirimētoru
centímetro (m)	センチメートル	senchimētoru
quilómetro (m)	キロメートル	kiromētoru
milha (f)	マイル	mairu

polegada (f)	インチ	inchi
pé (304,74 mm)	フィート	fīto
jarda (914,383 mm)	ヤード	yādo

| metro (m) quadrado | 平方メートル | heihō mētoru |
| hectare (m) | ヘクタール | hekutāru |

litro (m)	リットル	rittoru
grau (m)	度	do
volt (m)	ボルト	boruto
ampere (m)	アンペア	anpea
cavalo-vapor (m)	馬力	bariki

quantidade (f)	数量	sūryō
um pouco de …	少し	sukoshi
metade (f)	半分	hanbun
dúzia (f)	ダース	dāsu
peça (f)	一個	ikko

| dimensão (f) | 大きさ | ōki sa |
| escala (f) | 縮尺 | shukushaku |

mínimo	極小の	kyokushō no
menor, mais pequeno	最小の	saishō no
médio	中位の	chūi no
máximo	極大の	kyokudai no
maior, mais grande	最大の	saidai no

12. Recipientes

boião (m) de vidro	ジャー、瓶	jā, bin
lata (~ de cerveja)	缶	kan
balde (m)	バケツ	baketsu
barril (m)	樽	taru
bacia (~ de plástico)	たらい [盥]	tarai

tanque (m)	タンク	tanku
cantil (m) de bolso	スキットル	sukittoru
bidão (m) de gasolina	ジェリカン	jerikan
cisterna (f)	積荷タンク	tsumini tanku
caneca (f)	マグカップ	magukappu
chávena (f)	カップ	kappu
pires (m)	ソーサー	sōsā
copo (m)	ガラスのコップ	garasu no koppu
taça (f) de vinho	ワイングラス	wain gurasu
panela, caçarola (f)	両手鍋	ryō tenabe
garrafa (f)	ボトル	botoru
gargalo (m)	ネック	nekku
jarro, garrafa (f)	デキャンター	dekyanta
jarro (m) de barro	水差し	mizusashi
recipiente (m)	器	utsuwa
pote (m)	鉢	hachi
vaso (m)	花瓶	kabin
frasco (~ de perfume)	瓶	bin
frasquinho (ex. ~ de iodo)	バイアル	bai aru
tubo (~ de pasta dentífrica)	チューブ	chūbu
saca (ex. ~ de açúcar)	南京袋	nankinbukuro
saco (~ de plástico)	袋	fukuro
maço (m)	箱	hako
caixa (~ de sapatos, etc.)	箱	hako
caixa (~ de madeira)	木箱	ki bako
cesta (f)	かご [籠]	kago

VERBOS PRINCIPAIS

13. Os verbos mais importantes. Parte 1

abrir (vt)	開ける	akeru
acabar, terminar (vt)	終える	oeru
aconselhar (vt)	助言する	jogen suru
adivinhar (vt)	言い当てる	īateru
advertir (vt)	警告する	keikoku suru
ajudar (vt)	手伝う	tetsudau
alugar (~ um apartamento)	借りる	kariru
amar (vt)	愛する	aisuru
ameaçar (vt)	脅す	odosu
anotar (escrever)	書き留める	kakitomeru
apanhar (vt)	捕らえる	toraeru
apressar-se (vr)	急ぐ	isogu
arrepender-se (vr)	後悔する	kōkai suru
assinar (vt)	署名する	shomei suru
atirar, disparar (vi)	撃つ	utsu
brincar (vi)	冗談を言う	jōdan wo iu
brincar, jogar (crianças)	遊ぶ	asobu
buscar (vt)	探す	sagasu
caçar (vi)	狩る	karu
cair (vi)	落ちる	ochiru
cavar (vt)	掘る	horu
cessar (vt)	止める	tomeru
chamar (~ por socorro)	求める	motomeru
chegar (vi)	到着する	tōchaku suru
chorar (vi)	泣く	naku
começar (vt)	始める	hajimeru
comparar (vt)	比較する	hikaku suru
compreender (vt)	理解する	rikai suru
concordar (vi)	同意する	dōi suru
confiar (vt)	信用する	shinyō suru
confundir (equivocar-se)	混同する	kondō suru
conhecer (vt)	知っている	shitte iru
contar (fazer contas)	計算する	keisan suru
contar com (esperar)	…を頼りにする	… wo tayori ni suru
continuar (vt)	続ける	tsuzukeru
controlar (vt)	管制する	kansei suru
convidar (vt)	招待する	shōtai suru
correr (vi)	走る	hashiru
criar (vt)	創造する	sōzō suru
custar (vt)	かかる	kakaru

14. Os verbos mais importantes. Parte 2

dar (vt)	手渡す	tewatasu
dar uma dica	暗示する	anji suru
decorar (enfeitar)	飾る	kazaru
defender (vt)	防衛する	bōei suru
deixar cair (vt)	落とす	otosu
descer (para baixo)	下りる	oriru
desculpar (vt)	許す	yurusu
desculpar-se (vr)	謝る	ayamaru
dirigir (~ uma empresa)	管理する	kanri suru
discutir (notícias, etc.)	討議する	tōgi suru
dizer (vt)	言う	iu
duvidar (vt)	疑う	utagau
encontrar (achar)	見つける	mitsukeru
enganar (vt)	だます	damasu
entrar (na sala, etc.)	入る	hairu
enviar (uma carta)	送る	okuru
errar (equivocar-se)	誤りをする	ayamari wo suru
escolher (vt)	選択する	sentaku suru
esconder (vt)	隠す	kakusu
escrever (vt)	書く	kaku
esperar (o autocarro, etc.)	待つ	matsu
esperar (ter esperança)	希望する	kibō suru
esquecer (vt)	忘れる	wasureru
estudar (vt)	勉強する	benkyō suru
exigir (vt)	要求する	yōkyū suru
existir (vi)	存在する	sonzai suru
explicar (vt)	説明する	setsumei suru
falar (vi)	話す	hanasu
faltar (clases, etc.)	欠席する	kesseki suru
fazer (vt)	する	suru
ficar em silêncio	沈黙を守る	chinmoku wo mamoru
gabar-se, jactar-se (vr)	自慢する	jiman suru
gritar (vi)	叫ぶ	sakebu
guardar (cartas, etc.)	保つ	tamotsu
informar (vt)	知らせる	shiraseru
insistir (vi)	主張する	shuchō suru
insultar (vt)	侮辱する	bujoku suru
interessar-se (vr)	…に興味がある	… ni kyōmi ga aru
ir (a pé)	行く	iku
ir nadar	海水浴をする	kaisuiyoku wo suru
jantar (vi)	夕食をとる	yūshoku wo toru

15. Os verbos mais importantes. Parte 3

ler (vt)	読む	yomu
libertar (cidade, etc.)	解放する	kaihō suru

matar (vt)	殺す	korosu
mencionar (vt)	言及する	genkyū suru
mostrar (vt)	見せる	miseru

mudar (modificar)	変える	kaeru
nadar (vi)	泳ぐ	oyogu
negar-se a ...	拒絶する	kyozetsu suru
objetar (vt)	反対する	hantai suru

observar (vt)	監視する	kanshi suru
ordenar (mil.)	命令する	meirei suru
ouvir (vt)	聞く	kiku
pagar (vt)	払う	harau
parar (vi)	止まる	tomaru

participar (vi)	参加する	sanka suru
pedir (comida)	注文する	chūmon suru
pedir (um favor, etc.)	頼む	tanomu
pegar (tomar)	取る	toru
pensar (vt)	思う	omō

perceber (ver)	見掛ける	mikakeru
perdoar (vt)	許す	yurusu
perguntar (vt)	問う	tō
permitir (vt)	許可する	kyoka suru
pertencer a ...	所有物である	shoyū butsu de aru

planear (vt)	計画する	keikaku suru
poder (vi)	できる	dekiru
possuir (vt)	所有する	shoyū suru
preferir (vt)	好む	konomu
preparar (vt)	料理をする	ryōri wo suru

prever (vt)	見越す	mikosu
prometer (vt)	約束する	yakusoku suru
pronunciar (vt)	発音する	hatsuon suru
propor (vt)	提案する	teian suru
punir (castigar)	罰する	bassuru

16. Os verbos mais importantes. Parte 4

quebrar (vt)	折る、壊す	oru, kowasu
queixar-se (vr)	不平を言う	fuhei wo iu
querer (desejar)	欲する	hossuru
recomendar (vt)	推薦する	suisen suru
repetir (dizer outra vez)	復唱する	fukushō suru

repreender (vt)	叱る［しかる］	shikaru
reservar (~ um quarto)	予約する	yoyaku suru
responder (vt)	回答する	kaitō suru
rezar, orar (vi)	祈る	inoru
rir (vi)	笑う	warau
roubar (vt)	盗む	nusumu
saber (vt)	知る	shiru

sair (~ de casa)	出る	deru
salvar (vt)	救出する	kyūshutsu suru
seguir ...	…について行く	… ni tsuiteiku
sentar-se (vr)	座る	suwaru
ser necessário	必要である	hitsuyō de aru
ser, estar	ある	aru
significar (vt)	意味する	imi suru
sorrir (vi)	ほほえむ［微笑む］	hohoemu
subestimar (vt)	甘く見る	amaku miru
surpreender-se (vr)	驚く	odoroku
tentar (vt)	試みる	kokoromiru
ter (vt)	持つ	motsu
ter fome	腹をすかす	hara wo sukasu
ter medo	怖がる	kowagaru
ter sede	喉が渇く	nodo ga kawaku
tocar (com as mãos)	触れる	fureru
tomar o pequeno-almoço	朝食をとる	chōshoku wo toru
trabalhar (vi)	働く	hataraku
traduzir (vt)	翻訳する	honyaku suru
unir (vt)	合体させる	gattai saseru
vender (vt)	売る	uru
ver (vt)	見る	miru
virar (ex. ~ à direita)	曲がる	magaru
voar (vi)	飛ぶ	tobu

TEMPO. CALENDÁRIO

17. Dias da semana

segunda-feira (f)	月曜日	getsuyōbi
terça-feira (f)	火曜日	kayōbi
quarta-feira (f)	水曜日	suiyōbi
quinta-feira (f)	木曜日	mokuyōbi
sexta-feira (f)	金曜日	kinyōbi
sábado (m)	土曜日	doyōbi
domingo (m)	日曜日	nichiyōbi
hoje	今日	kyō
amanhã	明日	ashita
depois de amanhã	明後日［あさって］	asatte
ontem	昨日	kinō
anteontem	一昨日［おととい］	ototoi
dia (m)	日	nichi
dia (m) de trabalho	営業日	eigyōbi
feriado (m)	公休	kōkyū
dia (m) de folga	休み	yasumi
fim (m) de semana	週末	shūmatsu
o dia todo	一日中	ichi nichi chū
no dia seguinte	翌日	yokujitsu
há dois dias	2日前に	futsu ka mae ni
na véspera	その前日に	sono zenjitsu ni
diário	毎日の	mainichi no
todos os dias	毎日	mainichi
semana (f)	週	shū
na semana passada	先週	senshū
na próxima semana	来週	raishū
semanal	毎週の	maishū no
cada semana	毎週	maishū
duas vezes por semana	週に2回	shūni nikai
cada terça-feira	毎週火曜日	maishū kayōbi

18. Horas. Dia e noite

manhã (f)	朝	asa
de manhã	朝に	asa ni
meio-dia (m)	正午	shōgo
à tarde	午後に	gogo ni
noite (f)	夕方	yūgata
à noite (noitinha)	夕方に	yūgata ni

noite (f)	夜	yoru
à noite	夜に	yoru ni
meia-noite (f)	真夜中	mayonaka

segundo (m)	秒	byō
minuto (m)	分	fun, pun
hora (f)	時間	jikan
meia hora (f)	30分	san jū fun
quarto (m) de hora	15分	jū go fun
quinze minutos	15分	jū go fun
vinte e quatro horas	一昼夜	icchūya

nascer (m) do sol	日の出	hinode
amanhecer (m)	夜明け	yoake
madrugada (f)	早朝	sōchō
pôr do sol (m)	夕日	yūhi

de madrugada	早朝に	sōchō ni
hoje de manhã	今朝	kesa
amanhã de manhã	明日の朝	ashita no asa

hoje à tarde	今日の午後	kyō no gogo
à tarde	午後	gogo
amanhã à tarde	明日の午後	ashita no gogo

| hoje à noite | 今夜 | konya |
| amanhã à noite | 明日の夜 | ashita no yoru |

às três horas em ponto	3時ちょうどに	sanji chōdo ni
por volta das quatro	4時頃	yoji goro
às doze	12時までに	jūniji made ni

dentro de vinte minutos	20分後	nijuppungo
dentro duma hora	一時間後	ichi jikan go
a tempo	予定通りに	yotei dōri ni

menos um quarto	…時15分	… ji jyūgo fun
durante uma hora	1時間で	ichi jikan de
a cada quinze minutos	15分ごとに	jyūgo fun goto ni
as vinte e quatro horas	昼も夜も	hiru mo yoru mo

19. Meses. Estações

janeiro (m)	一月	ichigatsu
fevereiro (m)	二月	nigatsu
março (m)	三月	sangatsu
abril (m)	四月	shigatsu
maio (m)	五月	gogatsu
junho (m)	六月	rokugatsu

julho (m)	七月	shichigatsu
agosto (m)	八月	hachigatsu
setembro (m)	九月	kugatsu
outubro (m)	十月	jūgatsu

novembro (m)	十一月	jūichigatsu
dezembro (m)	十二月	jūnigatsu
primavera (f)	春	haru
na primavera	春に	haru ni
primaveril	春の	haru no
verão (m)	夏	natsu
no verão	夏に	natsu ni
de verão	夏の	natsu no
outono (m)	秋	aki
no outono	秋に	aki ni
outonal	秋の	aki no
inverno (m)	冬	fuyu
no inverno	冬に	fuyu ni
de inverno	冬の	fuyu no
mês (m)	月	tsuki
este mês	今月	kongetsu
no próximo mês	来月	raigetsu
no mês passado	先月	sengetsu
há um mês	一ヶ月前	ichi kagetsu mae
dentro de um mês	一ヶ月後	ichi kagetsu go
dentro de dois meses	二ヶ月後	ni kagetsu go
todo o mês	丸一ヶ月	maru ichi kagetsu
um mês inteiro	一ヶ月間ずっと	ichi kagetsu kan zutto
mensal	月刊の	gekkan no
mensalmente	毎月	maitsuki
cada mês	月1回	tsuki ichi kai
duas vezes por mês	月に2回	tsuki ni ni kai
ano (m)	年	nen
este ano	今年	kotoshi
no próximo ano	来年	rainen
no ano passado	去年	kyonen
há um ano	一年前	ichi nen mae
dentro dum ano	一年後	ichi nen go
dentro de 2 anos	二年後	ni nen go
todo o ano	丸一年	maru ichi nen
um ano inteiro	通年	tsūnen
cada ano	毎年	maitoshi
anual	毎年の	maitoshi no
anualmente	年1回	toshi ichi kai
quatro vezes por ano	年に4回	toshi ni yon kai
data (~ de hoje)	日付	hizuke
data (ex. ~ de nascimento)	年月日	nengappi
calendário (m)	カレンダー	karendā
meio ano	半年	hantoshi
seis meses	6ヶ月	roku kagetsu

estação (f)	季節	kisetsu
século (m)	世紀	seiki

VIAGENS. HOTEL

20. Viagens

turismo (m)	観光	kankō
turista (m)	観光客	kankō kyaku
viagem (f)	旅行	ryokō
aventura (f)	冒険	bōken
viagem (f)	旅	tabi
férias (f pl)	休暇	kyūka
estar de férias	休暇中です	kyūka chū desu
descanso (m)	休み	yasumi
comboio (m)	列車	ressha
de comboio (chegar ~)	列車で	ressha de
avião (m)	航空機	kōkūki
de avião	飛行機で	hikōki de
de carro	車で	kuruma de
de navio	船で	fune de
bagagem (f)	荷物	nimotsu
mala (f)	スーツケース	sūtsukēsu
carrinho (m)	荷物カート	nimotsu kāto
passaporte (m)	パスポート	pasupōto
visto (m)	ビザ	biza
bilhete (m)	乗車券	jōsha ken
bilhete (m) de avião	航空券	kōkū ken
guia (m) de viagem	ガイドブック	gaido bukku
mapa (m)	地図	chizu
local (m), area (f)	地域	chīki
lugar, sítio (m)	場所	basho
exotismo (m)	エキゾチック	ekizochikku
exótico	エキゾチックな	ekizochikku na
surpreendente	驚くべき	odoroku beki
grupo (m)	団	dan
excursão (f)	小旅行	shō ryokō
guia (m)	ツアーガイド	tuā gaido

21. Hotel

hotel (m)	ホテル	hoteru
motel (m)	モーテル	mō teru
três estrelas	三つ星	mitsu boshi

| cinco estrelas | 五つ星 | itsutsu boshi |
| ficar (~ num hotel) | 泊まる | tomaru |

quarto (m)	部屋、ルーム	heya, rūmu
quarto (m) individual	シングルルーム	shinguru rūmu
quarto (m) duplo	ダブルルーム	daburu rūmu
reservar um quarto	部屋を予約する	heya wo yoyaku suru

| meia pensão (f) | ハーフボード | hāfu bōdo |
| pensão (f) completa | フルボード | furu bōdo |

com banheira	浴槽付きの	yokusō tsuki no
com duche	シャワー付きの	shawā tsuki no
televisão (m) satélite	衛星テレビ	eisei terebi
ar (m) condicionado	エアコン	eakon
toalha (f)	タオル	taoru
chave (f)	鍵	kagi

administrador (m)	管理人	kanri jin
camareira (f)	客室係	kyakushitsu gakari
bagageiro (m)	ベルボーイ	beru bōi
porteiro (m)	ドアマン	doa man

restaurante (m)	レストラン	resutoran
bar (m)	パブ、バー	pabu, bā
pequeno-almoço (m)	朝食	chōshoku
jantar (m)	夕食	yūshoku
buffet (m)	ビュッフェ	byuffe

| hall (m) de entrada | ロビー | robī |
| elevador (m) | エレベーター | erebētā |

| NÃO PERTURBE | 起こさないで下さい | okosa nai de kudasai |
| PROIBIDO FUMAR! | 禁煙 | kinen |

22. Turismo

monumento (m)	記念碑	kinen hi
fortaleza (f)	要塞	yōsai
palácio (m)	宮殿	kyūden
castelo (m)	城	shiro
torre (f)	塔	tō
mausoléu (m)	マウソレウム	mausoreumu

arquitetura (f)	建築	kenchiku
medieval	中世の	chūsei no
antigo	古代の	kodai no
nacional	国の	kuni no
conhecido	有名な	yūmei na

turista (m)	観光客	kankō kyaku
guia (pessoa)	ガイド	gaido
excursão (f)	小旅行	shō ryokō
mostrar (vt)	案内する	annai suru

contar (vt)	話をする	hanashi wo suru
encontrar (vt)	見つける	mitsukeru
perder-se (vr)	道に迷う	michi ni mayō
mapa (~ do metrô)	地図	chizu
mapa (~ da cidade)	地図	chizu
lembrança (f), presente (m)	土産	miyage
loja (f) de presentes	土産品店	miyage hin ten
fotografar (vt)	写真に撮る	shashin ni toru
fotografar-se	写真を撮られる	shashin wo torareru

TRANSPORTES

23. Aeroporto

aeroporto (m)	空港	kūkō
avião (m)	航空機	kōkūki
companhia (f) aérea	航空会社	kōkū gaisha
controlador (m) de tráfego aéreo	航空管制官	kōkū kansei kan
partida (f)	出発	shuppatsu
chegada (f)	到着	tōchaku
chegar (~ de avião)	到着する	tōchaku suru
hora (f) de partida	出発時刻	shuppatsu jikoku
hora (f) de chegada	到着時刻	tōchaku jikoku
estar atrasado	遅れる	okureru
atraso (m) de voo	フライトの遅延	furaito no chien
painel (m) de informação	フライト情報	furaito jōhō
informação (f)	案内	annai
anunciar (vt)	アナウンスする	anaunsu suru
voo (m)	フライト	furaito
alfândega (f)	税関	zeikan
funcionário (m) da alfândega	税関吏	zeikanri
declaração (f) alfandegária	税関申告	zeikan shinkoku
preencher (vt)	記入する	kinyū suru
preencher a declaração	申告書を記入する	shinkoku sho wo kinyū suru
controlo (m) de passaportes	入国審査	nyūkoku shinsa
bagagem (f)	荷物	nimotsu
bagagem (f) de mão	持ち込み荷物	mochikomi nimotsu
carrinho (m)	荷物カート	nimotsu kāto
aterragem (f)	着陸	chakuriku
pista (f) de aterragem	滑走路	kassō ro
aterrar (vi)	着陸する	chakuriku suru
escada (f) de avião	タラップ	tarappu
check-in (m)	チェックイン	chekkuin
balcão (m) do check-in	チェックインカウンター	chekkuin kauntā
fazer o check-in	チェックインする	chekkuin suru
cartão (m) de embarque	搭乗券	tōjō ken
porta (f) de embarque	出発ゲート	shuppatsu gēto
trânsito (m)	乗り継ぎ	noritsugi
esperar (vi, vt)	待つ	matsu

sala (f) de espera	出発ロビー	shuppatsu robī
despedir-se de ...	見送る	miokuru
despedir-se (vr)	別れを告げる	wakare wo tsugeru

24. Avião

avião (m)	航空機	kōkūki
bilhete (m) de avião	航空券	kōkū ken
companhia (f) aérea	航空会社	kōkū gaisha
aeroporto (m)	空港	kūkō
supersónico	超音速の	chō onsoku no

comandante (m) do avião	機長	kichō
tripulação (f)	乗務員	jōmu in
piloto (m)	パイロット	pairotto
hospedeira (f) de bordo	客室乗務員	kyakushitsu jōmu in
copiloto (m)	航空士	kōkū shi

asas (f pl)	翼	tsubasa
cauda (f)	尾部	o bu
cabine (f) de pilotagem	コックピット	kokkupitto
motor (m)	エンジン	enjin

| trem (m) de aterragem | 着陸装置 | chakuriku sōchi |
| turbina (f) | タービン | tābin |

| hélice (f) | プロペラ | puropera |
| caixa-preta (f) | ブラックボックス | burakku bokkusu |

| coluna (f) de controlo | 操縦ハンドル | sōjū handoru |
| combustível (m) | 燃料 | nenryō |

instruções (f pl) de segurança	安全のしおり	anzen no shiori
máscara (f) de oxigénio	酸素マスク	sanso masuku
uniforme (m)	制服	seifuku

| colete (m) salva-vidas | ライフジャケット | raifu jaketto |
| paraquedas (m) | 落下傘 | rakkasan |

descolagem (f)	離陸	ririku
descolar (vi)	離陸する	ririku suru
pista (f) de descolagem	滑走路	kassō ro

| visibilidade (f) | 視程 | shitei |
| voo (m) | 飛行 | hikō |

| altura (f) | 高度 | kōdo |
| poço (m) de ar | エアポケット | eapoketto |

assento (m)	席	seki
auscultadores (m pl)	ヘッドホン	heddohon
mesa (f) rebatível	折りたたみ式のテーブル	oritatami shiki no tēburu
vigia (f)	機窓	kisō
passagem (f)	通路	tsūro

25. Comboio

comboio (m)	列車	ressha
comboio (m) suburbano	通勤列車	tsūkin ressha
comboio (m) rápido	高速鉄道	kōsoku tetsudō
locomotiva (f) diesel	ディーゼル機関車	dīzeru kikan sha
locomotiva (f) a vapor	蒸気機関車	jōki kikan sha
carruagem (f)	客車	kyakusha
carruagem restaurante (f)	食堂車	shokudō sha
carris (m pl)	レール	rēru
caminho de ferro (m)	鉄道	tetsudō
travessa (f)	枕木	makuragi
plataforma (f)	ホーム	hōmu
linha (f)	線路	senro
semáforo (m)	鉄道信号機	tetsudō shingō ki
estação (f)	駅	eki
maquinista (m)	機関士	kikan shi
bagageiro (m)	ポーター	pōtā
hospedeiro, -a (da carruagem)	車掌	shashō
passageiro (m)	乗客	jōkyaku
revisor (m)	検札係	kensatsu gakari
corredor (m)	通路	tsūro
freio (m) de emergência	非常ブレーキ	hijō burēki
compartimento (m)	コンパートメント	konpātomento
cama (f)	寝台	shindai
cama (f) de cima	上段寝台	jōdan shindai
cama (f) de baixo	下段寝台	gedan shindai
roupa (f) de cama	リネン	rinen
bilhete (m)	乗車券	jōsha ken
horário (m)	時刻表	jikoku hyō
painel (m) de informação	発車標	hassha shirube
partir (vt)	発車する	hassha suru
partida (f)	発車	hassha
chegar (vi)	到着する	tōchaku suru
chegada (f)	到着	tōchaku
chegar de comboio	電車で来る	densha de kuru
apanhar o comboio	電車に乗る	densha ni noru
sair do comboio	電車をおりる	densha wo oriru
acidente (m) ferroviário	鉄道事故	tetsudō jiko
descarrilar (vi)	脱線する	dassen suru
locomotiva (f) a vapor	蒸気機関車	jōki kikan sha
fogueiro (m)	火夫	kafu
fornalha (f)	火室	kashitsu
carvão (m)	石炭	sekitan

26. Barco

| navio (m) | 船舶 | senpaku |
| embarcação (f) | 大型船 | ōgata sen |

vapor (m)	蒸気船	jōki sen
navio (m)	川船	kawabune
transatlântico (m)	遠洋定期船	enyō teiki sen
cruzador (m)	クルーザー	kurūzā

iate (m)	ヨット	yotto
rebocador (m)	曳船	eisen
barcaça (f)	艀、バージ	hashike, bāji
ferry (m)	フェリー	ferī

| veleiro (m) | 帆船 | hansen |
| bergantim (m) | ブリガンティン | burigantin |

| quebra-gelo (m) | 砕氷船 | saihyō sen |
| submarino (m) | 潜水艦 | sensui kan |

bote, barco (m)	ボート	bōto
bote, dingue (m)	ディンギー	dingī
bote (m) salva-vidas	救命艇	kyūmei tei
lancha (f)	モーターボート	mōtābōto

capitão (m)	船長	senchō
marinheiro (m)	船員	senin
marujo (m)	水夫	suifu
tripulação (f)	乗組員	norikumi in

contramestre (m)	ボースン	bōsun
grumete (m)	キャビンボーイ	kyabin bōi
cozinheiro (m) de bordo	船のコック	fune no kokku
médico (m) de bordo	船医	seni

convés (m)	甲板	kanpan
mastro (m)	マスト	masuto
vela (f)	帆	ho

porão (m)	船倉	funagura
proa (f)	船首	senshu
popa (f)	船尾	senbi
remo (m)	櫂	kai
hélice (f)	プロペラ	puropera

camarote (m)	船室	senshitsu
sala (f) dos oficiais	士官室	shikan shitsu
sala (f) das máquinas	機関室	kikan shitsu
ponte (m) de comando	船橋	funabashi
sala (f) de comunicações	無線室	musen shitsu
onda (f) de rádio	電波	denpa
diário (m) de bordo	航海日誌	kōkai nisshi
luneta (f)	単眼望遠鏡	tangan bōenkyō
sino (m)	船鐘	funekane

bandeira (f)	旗	hata
cabo (m)	ロープ	rōpu
nó (m)	結び目	musubime
corrimão (m)	手摺	tesuri
prancha (f) de embarque	舷門	genmon
âncora (f)	錨 [いかり]	ikari
recolher a âncora	錨をあげる	ikari wo ageru
lançar a âncora	錨を下ろす	ikari wo orosu
amarra (f)	錨鎖	byōsa
porto (m)	港	minato
cais, amarradouro (m)	埠頭	futō
atracar (vi)	係留する	keiryū suru
desatracar (vi)	出航する	shukkō suru
viagem (f)	旅行	ryokō
cruzeiro (m)	クルーズ	kurūzu
rumo (m), rota (f)	針路	shinro
itinerário (m)	船のルート	fune no rūto
canal (m) navegável	航路	kōro
banco (m) de areia	浅瀬	asase
encalhar (vt)	浅瀬に乗り上げる	asase ni noriageru
tempestade (f)	嵐	arashi
sinal (m)	信号	shingō
afundar-se (vr)	沈没する	chinbotsu suru
Homem ao mar!	落水したぞ！	ochimizu shi ta zo!
SOS	ＳＯＳ	esuōesu
boia (f) salva-vidas	救命浮輪	kyūmei ukiwa

CIDADE

27. Transportes urbanos

autocarro (m)	バス	basu
elétrico (m)	路面電車	romen densha
troleicarro (m)	トロリーバス	tororībasu
itinerário (m)	路線	rosen
número (m)	番号	bangō
ir de ... (carro, etc.)	…で行く	... de iku
entrar (~ no autocarro)	乗る	noru
descer de ...	降りる	oriru
paragem (f)	停	toma
próxima paragem (f)	次の停車駅	tsugi no teishaeki
ponto (m) final	終着駅	shūchakueki
horário (m)	時刻表	jikoku hyō
esperar (vt)	待つ	matsu
bilhete (m)	乗車券	jōsha ken
custo (m) do bilhete	運賃	unchin
bilheteiro (m)	販売員	hanbai in
controlo (m) dos bilhetes	集札	shū satsu
revisor (m)	車掌	shashō
atrasar-se (vr)	遅れる	okureru
perder (o autocarro, etc.)	逃す	nogasu
estar com pressa	急ぐ	isogu
táxi (m)	タクシー	takushī
taxista (m)	タクシーの運転手	takushī no unten shu
de táxi (ir ~)	タクシーで	takushī de
praça (f) de táxis	タクシー乗り場	takushī noriba
chamar um táxi	タクシーを呼ぶ	takushī wo yobu
apanhar um táxi	タクシーに乗る	takushī ni noru
tráfego (m)	交通	kōtsū
engarrafamento (m)	渋滞	jūtai
horas (f pl) de ponta	ラッシュアワー	rasshuawā
estacionar (vi)	駐車する	chūsha suru
estacionar (vt)	駐車する	chūsha suru
parque (m) de estacionamento	駐車場	chūsha jō
metro (m)	地下鉄	chikatetsu
estação (f)	駅	eki
ir de metro	地下鉄で行く	chikatetsu de iku
comboio (m)	列車	ressha
estação (f)	鉄道駅	tetsudō eki

28. Cidade. Vida na cidade

cidade (f)	市、町	shi, machi
capital (f)	首都	shuto
aldeia (f)	村	mura
mapa (m) da cidade	市街地図	shigai chizu
centro (m) da cidade	中心街	chūshin gai
subúrbio (m)	郊外	kōgai
suburbano	郊外の	kōgai no
periferia (f)	町外れ	machihazure
arredores (m pl)	近郊	kinkō
quarteirão (m)	街区	gaiku
quarteirão (m) residencial	住宅街	jūtaku gai
tráfego (m)	交通	kōtsū
semáforo (m)	信号	shingō
transporte (m) público	公共交通機関	kōkyō kōtsū kikan
cruzamento (m)	交差点	kōsaten
passadeira (f)	横断歩道	ōdan hodō
passagem (f) subterrânea	地下道	chikadō
cruzar, atravessar (vt)	横断する	ōdan suru
peão (m)	歩行者	hokō sha
passeio (m)	歩道	hodō
ponte (f)	橋	hashi
margem (f) do rio	堤防	teibō
fonte (f)	噴水	funsui
alameda (f)	散歩道	sanpomichi
parque (m)	公園	kōen
bulevar (m)	大通り	ōdōri
praça (f)	広場	hiroba
avenida (f)	アヴェニュー	avenyū
rua (f)	通り	tōri
travessa (f)	わき道 [脇道]	wakimichi
beco (m) sem saída	行き止まり	ikidomari
casa (f)	家屋	kaoku
edifício, prédio (m)	建物	tatemono
arranha-céus (m)	摩天楼	matenrō
fachada (f)	ファサード	fasādo
telhado (m)	屋根	yane
janela (f)	窓	mado
arco (m)	アーチ	āchi
coluna (f)	柱	hashira
esquina (f)	角	kado
montra (f)	ショーウインドー	shōuindō
letreiro (m)	店看板	mise kanban
cartaz (m)	ポスター	posutā
cartaz (m) publicitário	広告ポスター	kōkoku posutā

painel (m) publicitário	広告掲示板	kōkoku keijiban
lixo (m)	ゴミ［ごみ］	gomi
cesta (f) do lixo	ゴミ入れ	gomi ire
jogar lixo na rua	ゴミを投げ捨てる	gomi wo nagesuteru
aterro (m) sanitário	ゴミ捨て場	gomi suteba

cabine (f) telefónica	電話ボックス	denwa bokkusu
candeeiro (m) de rua	街灯柱	gaitō bashira
banco (m)	ベンチ	benchi

polícia (m)	警官	keikan
polícia (instituição)	警察	keisatsu
mendigo (m)	こじき	kojiki
sem-abrigo (m)	ホームレス	hōmuresu

29. Instituições urbanas

loja (f)	店、…屋	mise, …ya
farmácia (f)	薬局	yakkyoku
ótica (f)	眼鏡店	megane ten
centro (m) comercial	ショッピングモール	shoppingu mōru
supermercado (m)	スーパーマーケット	sūpāmāketto

padaria (f)	パン屋	panya
padeiro (m)	パン職人	pan shokunin
pastelaria (f)	菓子店	kashi ten
mercearia (f)	食料品店	shokuryō hin ten
talho (m)	肉屋	nikuya

| loja (f) de legumes | 八百屋 | yaoya |
| mercado (m) | 市場 | ichiba |

café (m)	喫茶店	kissaten
restaurante (m)	レストラン	resutoran
bar (m), cervejaria (f)	パブ	pabu
pizzaria (f)	ピザ屋	piza ya

salão (m) de cabeleireiro	美容院	biyō in
correios (m pl)	郵便局	yūbin kyoku
lavandaria (f)	クリーニング屋	kurīningu ya
estúdio (m) fotográfico	写真館	shashin kan

sapataria (f)	靴屋	kutsuya
livraria (f)	本屋	honya
loja (f) de artigos de desporto	スポーツ店	supōtsu ten

reparação (f) de roupa	洋服直し専門店	yōfuku naoshi senmon ten
aluguer (m) de roupa	貸衣裳店	kashi ishō ten
aluguer (m) de filmes	レンタルビデオ店	rentarubideo ten

circo (m)	サーカス	sākasu
jardim (m) zoológico	動物園	dōbutsu en
cinema (m)	映画館	eiga kan
museu (m)	博物館	hakubutsukan

biblioteca (f)	図書館	toshokan
teatro (m)	劇場	gekijō
ópera (f)	オペラハウス	opera hausu
clube (m) noturno	ナイトクラブ	naito kurabu
casino (m)	カジノ	kajino
mesquita (f)	モスク	mosuku
sinagoga (f)	シナゴーグ	shinagōgu
catedral (f)	大聖堂	dai seidō
templo (m)	寺院	jīn
igreja (f)	教会	kyōkai
instituto (m)	大学	daigaku
universidade (f)	大学	daigaku
escola (f)	学校	gakkō
prefeitura (f)	県庁舎	ken chōsha
câmara (f) municipal	市役所	shiyaku sho
hotel (m)	ホテル	hoteru
banco (m)	銀行	ginkō
embaixada (f)	大使館	taishikan
agência (f) de viagens	旅行代理店	ryokō dairi ten
agência (f) de informações	案内所	annai sho
casa (f) de câmbio	両替所	ryōgae sho
metro (m)	地下鉄	chikatetsu
hospital (m)	病院	byōin
posto (m) de gasolina	ガソリンスタンド	gasorin sutando
parque (m) de estacionamento	駐車場	chūsha jō

30. Sinais

letreiro (m)	店看板	mise kanban
inscrição (f)	看板	kanban
cartaz, póster (m)	ポスター	posutā
sinal (m) informativo	方向看板	hōkō kanban
seta (f)	矢印	yajirushi
aviso (advertência)	注意	chūi
sinal (m) de aviso	警告表示	keikoku hyōji
avisar, advertir (vt)	警告する	keikoku suru
dia (m) de folga	定休日	teikyū bi
horário (m)	営業時間の看板	eigyō jikan no kanban
horário (m) de funcionamento	営業時間	eigyō jikan
BEM-VINDOS!	ようこそ	yōkoso
ENTRADA	入口	iriguchi
SAÍDA	出口	deguchi
EMPURRE	押す	osu
PUXE	引く	hiku

ABERTO	営業中	eigyō chū
FECHADO	休業日	kyūgyōbi
MULHER	女性	josei
HOMEM	男性	dansei
DESCONTOS	割引	waribiki
SALDOS	バーゲンセール	bāgen sēru
NOVIDADE!	新発売！	shin hatsubai!
GRÁTIS	無料	muryō
ATENÇÃO!	ご注意！	go chūi!
NÃO HÁ VAGAS	満室	manshitsu
RESERVADO	御予約席	go yoyaku seki
ADMINISTRAÇÃO	支配人	shihainin
SOMENTE PESSOAL AUTORIZADO	関係者以外立入禁止	kankei sha igai tachīrikinshi
CUIDADO CÃO FEROZ	猛犬注意	mōken chūi
PROIBIDO FUMAR!	禁煙	kinen
NÃO TOCAR	手を触れるな	te wo fureru na
PERIGOSO	危険	kiken
PERIGO	危険	kiken
ALTA TENSÃO	高電圧	kō denatsu
PROIBIDO NADAR	水泳禁止	suiei kinshi
AVARIADO	故障中	koshō chū
INFLAMÁVEL	可燃性物質	kanen sei busshitsu
PROIBIDO	禁止	kinshi
ENTRADA PROIBIDA	通り抜け禁止	tōrinuke kinshi
CUIDADO TINTA FRESCA	ペンキ塗りたて	penki nuritate

31. Compras

comprar (vt)	買う	kau
compra (f)	買い物	kaimono
fazer compras	買い物に行く	kaimono ni iku
compras (f pl)	ショッピング	shoppingu
estar aberta (loja, etc.)	開いている	hiraite iru
estar fechada	閉まっている	shimatte iru
calçado (m)	履物	hakimono
roupa (f)	洋服	yōfuku
cosméticos (m pl)	化粧品	keshō hin
alimentos (m pl)	食料品	shokuryō hin
presente (m)	土産	miyage
vendedor (m)	店員、売り子	tenin, uriko
vendedora (f)	店員、売り子	tenin, uriko
caixa (f)	レジ	reji
espelho (m)	鏡	kagami

balcão (m)	カウンター	kauntā
cabine (f) de provas	試着室	shichaku shitsu
provar (vt)	試着する	shichaku suru
servir (vi)	合う	au
gostar (apreciar)	好む	konomu
preço (m)	価格	kakaku
etiqueta (f) de preço	値札	nefuda
custar (vt)	かかる	kakaru
Quanto?	いくら？	ikura ?
desconto (m)	割引	waribiki
não caro	安価な	anka na
barato	安い	yasui
caro	高い	takai
É caro	それは高い	sore wa takai
aluguer (m)	レンタル	rentaru
alugar (vestidos, etc.)	レンタルする	rentaru suru
crédito (m)	信用取引	shinyō torihiki
a crédito	付けで	tsuke de

VESTUÁRIO & ACESSÓRIOS

32. Roupa exterior. Casacos

roupa (f)	洋服	yōfuku
roupa (f) exterior	上着	uwagi
roupa (f) de inverno	冬服	fuyu fuku
sobretudo (m)	オーバーコート	ōbā kōto
casaco (m) de peles	毛皮のコート	kegawa no kōto
casaco curto (m) de peles	毛皮のジャケット	kegawa no jaketto
casaco (m) acolchoado	ダウンコート	daun kōto
casaco, blusão (m)	ジャケット	jaketto
impermeável (m)	レインコート	reinkōto
impermeável	防水の	bōsui no

33. Vestuário de homem & mulher

camisa (f)	ワイシャツ	waishatsu
calças (f pl)	ズボン	zubon
calças (f pl) de ganga	ジーンズ	jīnzu
casaco (m) de fato	ジャケット	jaketto
fato (m)	背広	sebiro
vestido (ex. ~ vermelho)	ドレス	doresu
saia (f)	スカート	sukāto
blusa (f)	ブラウス	burausu
casaco (m) de malha	ニットジャケット	nitto jaketto
casaco, blazer (m)	ジャケット	jaketto
T-shirt, camiseta (f)	Tシャツ	tīshatsu
calções (Bermudas, etc.)	半ズボン	han zubon
fato (m) de treino	トラックスーツ	torakku sūtsu
roupão (m) de banho	バスローブ	basurōbu
pijama (m)	パジャマ	pajama
suéter (m)	セーター	sētā
pulôver (m)	プルオーバー	puruōbā
colete (m)	ベスト	besuto
fraque (m)	燕尾服	enbifuku
smoking (m)	タキシード	takishīdo
uniforme (m)	制服	seifuku
roupa (f) de trabalho	作業服	sagyō fuku
fato-macaco (m)	オーバーオール	ōbā ōru
bata (~ branca, etc.)	コート	kōto

34. Vestuário. Roupa interior

roupa (f) interior	下着	shitagi
cuecas boxer (f pl)	ボクサーパンツ	bokusā pantsu
cuecas (f pl)	パンティー	pantī
camisola (f) interior	タンクトップ	tanku toppu
peúgas (f pl)	靴下	kutsushita
camisa (f) de noite	ネグリジェ	negurije
sutiã (m)	ブラジャー	burajā
meias longas (f pl)	ニーソックス	nīsokkusu
meia-calça (f)	パンティストッキング	pantī sutokkingu
meias (f pl)	ストッキング	sutokkingu
fato (m) de banho	水着	mizugi

35. Adereços de cabeça

chapéu (m)	帽子	bōshi
chapéu (m) de feltro	フェドーラ帽	fedōra bō
boné (m) de beisebol	野球帽	yakyū bō
boné (m)	ハンチング帽	hanchingu bō
boina (f)	ベレー帽	berē bō
capuz (m)	フード	fūdo
panamá (m)	パナマ帽	panama bō
gorro (m) de malha	ニット帽	nitto bō
lenço (m)	ヘッドスカーフ	heddo sukāfu
chapéu (m) de mulher	婦人帽子	fujin bōshi
capacete (m) de proteção	安全ヘルメット	anzen herumetto
bibico (m)	略帽	rya ku bō
capacete (m)	ヘルメット	herumetto
chapéu-coco (m)	山高帽	yamataka bō
chapéu (m) alto	シルクハット	shiruku hatto

36. Calçado

calçado (m)	靴	kutsu
botinas (f pl)	アンクルブーツ	ankuru būtsu
sapatos (de salto alto, etc.)	パンプス	panpusu
botas (f pl)	ブーツ	būtsu
pantufas (f pl)	スリッパ	surippa
ténis (m pl)	テニスシューズ	tenisu shūzu
sapatilhas (f pl)	スニーカー	sunīkā
sandálias (f pl)	サンダル	sandaru
sapateiro (m)	靴修理屋	kutsu shūri ya
salto (m)	かかと [踵]	kakato

par (m)	靴一足	kutsu issoku
atacador (m)	靴ひも	kutsu himo
apertar os atacadores	靴ひもを結ぶ	kutsu himo wo musubu
calçadeira (f)	靴べら	kutsubera
graxa (f) para calçado	靴クリーム	kutsu kurīmu

37. Acessórios pessoais

luvas (f pl)	手袋	tebukuro
mitenes (f pl)	ミトン	miton
cachecol (m)	マフラー	mafurā

óculos (m pl)	めがね [眼鏡]	megane
armação (f) de óculos	めがねのふち	megane no fuchi
guarda-chuva (m)	傘	kasa
bengala (f)	杖	tsue
escova (f) para o cabelo	ヘアブラシ	hea burashi
leque (m)	扇子	sensu

gravata (f)	ネクタイ	nekutai
gravata-borboleta (f)	蝶ネクタイ	chō nekutai
suspensórios (m pl)	サスペンダー	sasupendā
lenço (m)	ハンカチ	hankachi

pente (m)	くし [櫛]	kushi
travessão (m)	髪留め	kami tome
gancho (m) de cabelo	ヘアピン	hea pin
fivela (f)	バックル	bakkuru

| cinto (m) | ベルト | beruto |
| correia (f) | ショルダーベルト | shorudā beruto |

mala (f)	バッグ	baggu
mala (f) de senhora	ハンドバッグ	hando baggu
mochila (f)	バックパック	bakku pakku

38. Vestuário. Diversos

moda (f)	ファッション	fasshon
na moda	流行の	ryūkō no
estilista (m)	ファッションデザイナー	fasshon dezainā

colarinho (m), gola (f)	襟	eri
bolso (m)	ポケット	poketto
de bolso	ポケットの	poketto no
manga (f)	袖	sode
alcinha (f)	ハンガーループ	hangā rūpu
braguilha (f)	ズボンのファスナー	zubon no fasunā

fecho (m) de correr	チャック	chakku
fecho (m), colchete (m)	ファスナー	fasunā
botão (m)	ボタン	botan

| casa (f) de botão | ボタンの穴 | botan no ana |
| soltar-se (vr) | 取れる | toreru |

coser, costurar (vi)	縫う	nū
bordar (vt)	刺繍する	shishū suru
bordado (m)	刺繍	shishū
agulha (f)	縫い針	nui bari
fio (m)	糸	ito
costura (f)	縫い目	nuime

sujar-se (vr)	汚れる	yogoreru
mancha (f)	染み	shimi
engelhar-se (vr)	しわになる	shiwa ni naru
rasgar (vt)	引き裂く	hikisaku
traça (f)	コイガ	koi ga

39. Cuidados pessoais. Cosméticos

pasta (f) de dentes	歯磨き粉	hamigakiko
escova (f) de dentes	歯ブラシ	haburashi
escovar os dentes	歯を磨く	ha wo migaku

máquina (f) de barbear	カミソリ［剃刀］	kamisori
creme (m) de barbear	シェーピングクリーム	shēbingu kurīmu
barbear-se (vr)	ひげを剃る	hige wo soru

| sabonete (m) | せっけん［石鹸］ | sekken |
| champô (m) | シャンプー | shanpū |

tesoura (f)	はさみ	hasami
lima (f) de unhas	爪やすり	tsume yasuri
corta-unhas (m)	爪切り	tsume giri
pinça (f)	ピンセット	pinsetto

cosméticos (m pl)	化粧品	keshō hin
máscara (f) facial	フェイスパック	feisu pakku
manicura (f)	マニキュア	manikyua
fazer a manicura	マニキュアをしてもらう	manikyua wo shi te morau
pedicure (f)	ペディキュア	pedikyua

mala (f) de maquilhagem	化粧ポーチ	keshō pōchi
pó (m)	フェイスパウダー	feisu pauda
caixa (f) de pó	ファンデーション	fandēshon
blush (m)	チーク	chīku

perfume (m)	香水	kōsui
água (f) de toilette	オードトワレ	ōdotoware
loção (f)	ローション	rō shon
água-de-colónia (f)	オーデコロン	ōdekoron

sombra (f) de olhos	アイシャドウ	aishadō
lápis (m) delineador	アイライナー	airainā
máscara (f), rímel (m)	マスカラ	masukara
batom (m)	口紅	kuchibeni

verniz (m) de unhas	ネイルポリッシュ	neiru porisshu
laca (f) para cabelos	ヘアスプレー	hea supurē
desodorizante (m)	デオドラント	deodoranto
creme (m)	クリーム	kurīmu
creme (m) de rosto	フェイスクリーム	feisu kurīmu
creme (m) de mãos	ハンドクリーム	hando kurīmu
creme (m) antirrugas	しわ取りクリーム	shiwa tori kurīmu
creme (m) de dia	昼用クリーム	hiruyō kurīmu
creme (m) de noite	夜用クリーム	yoruyō kurīmu
de dia	昼用…	hiruyō …
da noite	夜用…	yoruyō …
tampão (m)	タンポン	tanpon
papel (m) higiénico	トイレットペーパー	toiretto pēpā
secador (m) elétrico	ヘアドライヤー	hea doraiyā

40. Relógios de pulso. Relógios

relógio (m) de pulso	時計	tokei
mostrador (m)	ダイヤル	daiyaru
ponteiro (m)	針	hari
bracelete (f) em aço	金属ベルト	kinzoku beruto
bracelete (f) em couro	腕時計バンド	udedokei bando
pilha (f)	電池	denchi
descarregar-se	切れる	kireru
trocar a pilha	電池を交換する	denchi wo kōkan suru
estar adiantado	進んでいる	susundeiru
estar atrasado	遅れている	okureteiru
relógio (m) de parede	掛け時計	kakedokei
ampulheta (f)	砂時計	sunadokei
relógio (m) de sol	日時計	hidokei
despertador (m)	目覚まし時計	mezamashi dokei
relojoeiro (m)	時計職人	tokei shokunin
reparar (vt)	修理する	shūri suru

EXPERIÊNCIA DO QUOTIDIANO

41. Dinheiro

dinheiro (m)	お金	okane
câmbio (m)	両替	ryōgae
taxa (f) de câmbio	為替レート	kawase rēto
Caixa Multibanco (m)	ATM	ētīemu
moeda (f)	コイン	koin
dólar (m)	ドル	doru
euro (m)	ユーロ	yūro
lira (f)	リラ	rira
marco (m)	ドイツマルク	doitsu maruku
franco (m)	フラン	furan
libra (f) esterlina	スターリング・ポンド	sutāringu pondo
iene (m)	円	en
dívida (f)	債務	saimu
devedor (m)	債務者	saimu sha
emprestar (vt)	貸す	kasu
pedir emprestado	借りる	kariru
banco (m)	銀行	ginkō
conta (f)	口座	kōza
depositar (vt)	預金する	yokin suru
depositar na conta	口座に預金する	kōza ni yokin suru
levantar (vt)	引き出す	hikidasu
cartão (m) de crédito	クレジットカード	kurejitto kādo
dinheiro (m) vivo	現金	genkin
cheque (m)	小切手	kogitte
passar um cheque	小切手を書く	kogitte wo kaku
livro (m) de cheques	小切手帳	kogitte chō
carteira (f)	財布	saifu
porta-moedas (m)	小銭入れ	kozeni ire
cofre (m)	金庫	kinko
herdeiro (m)	相続人	sōzokunin
herança (f)	相続	sōzoku
fortuna (riqueza)	財産	zaisan
arrendamento (m)	賃貸	chintai
renda (f) de casa	家賃	yachin
alugar (vt)	借りる	kariru
preço (m)	価格	kakaku
custo (m)	費用	hiyō

soma (f)	合計金額	gōkei kingaku
gastar (vt)	お金を使う	okane wo tsukau
gastos (m pl)	出費	shuppi
economizar (vi)	倹約する	kenyaku suru
económico	節約の	setsuyaku no

pagar (vt)	払う	harau
pagamento (m)	支払い	shiharai
troco (m)	おつり	o tsuri

imposto (m)	税	zei
multa (f)	罰金	bakkin
multar (vt)	罰金を科す	bakkin wo kasu

42. Correios. Serviço postal

correios (m pl)	郵便局	yūbin kyoku
correio (m)	郵便物	yūbin butsu
carteiro (m)	郵便配達人	yūbin haitatsu jin
horário (m)	営業時間	eigyō jikan

carta (f)	手紙	tegami
carta (f) registada	書留郵便	kakitome yūbin
postal (m)	はがき [葉書]	hagaki
telegrama (m)	電報	denpō
encomenda (f) postal	小包	kozutsumi
remessa (f) de dinheiro	送金	sōkin

receber (vt)	受け取る	uketoru
enviar (vt)	送る	okuru
envio (m)	送信	sōshin
endereço (m)	住所	jūsho
código (m) postal	郵便番号	yūbin bangō
remetente (m)	送り主	okurinushi
destinatário (m)	受取人	uketorinin

nome (m)	名前	namae
apelido (m)	姓	sei
tarifa (f)	郵便料金	yūbin ryōkin
ordinário	通常の	tsūjō no
económico	エコノミー航空	ekonomīkōkū

peso (m)	重さ	omo sa
pesar (estabelecer o peso)	量る	hakaru
envelope (m)	封筒	fūtō
selo (m)	郵便切手	yūbin kitte
colar o selo	封筒に切手を貼る	fūtō ni kitte wo haru

43. Banca

banco (m)	銀行	ginkō
sucursal, balcão (f)	支店	shiten

| consultor (m) | 銀行員 | ginkōin |
| gerente (m) | 長 | chō |

conta (f)	口座	kōza
número (m) da conta	口座番号	kōza bangō
conta (f) corrente	当座預金口座	tōza yokin kōza
conta (f) poupança	貯蓄預金口座	chochiku yokin kōza

abrir uma conta	口座を開く	kōza wo hiraku
fechar uma conta	口座を解約する	kōza wo kaiyaku suru
depositar na conta	口座に預金する	kōza ni yokin suru
levantar (vt)	引き出す	hikidasu

depósito (m)	預金	yokin
fazer um depósito	預金する	yokin suru
transferência (f) bancária	送金	sōkin
transferir (vt)	送金する	sōkin suru

| soma (f) | 合計金額 | gōkei kingaku |
| Quanto? | いくら? | ikura ? |

| assinatura (f) | 署名 | shomei |
| assinar (vt) | 署名する | shomei suru |

cartão (m) de crédito	クレジットカード	kurejitto kādo
código (m)	コード	kōdo
número (m) do cartão de crédito	クレジットカード番号	kurejitto kādo bangō
Caixa Multibanco (m)	ATM	ētīemu

cheque (m)	小切手	kogitte
passar um cheque	小切手を書く	kogitte wo kaku
livro (m) de cheques	小切手帳	kogitte chō

empréstimo (m)	融資	yūshi
pedir um empréstimo	融資を申し込む	yūshi wo mōshikomu
obter um empréstimo	融資を受ける	yūshi wo ukeru
conceder um empréstimo	融資を行う	yūshi wo okonau
garantia (f)	保障	hoshō

44. Telefone. Conversação telefónica

telefone (m)	電話	denwa
telemóvel (m)	携帯電話	keitai denwa
secretária (f) electrónica	留守番電話	rusuban denwa

| fazer uma chamada | 電話する | denwa suru |
| chamada (f) | 電話 | denwa |

marcar um número	電話番号をダイアルする	denwa bangō wo daiaru suru
Alô!	もしもし	moshimoshi
perguntar (vt)	問う	tō
responder (vt)	出る	deru
ouvir (vt)	聞く	kiku

bem	良く	yoku
mal	良くない	yoku nai
ruído (m)	電波障害	denpa shōgai

auscultador (m)	受話器	juwaki
pegar o telefone	電話に出る	denwa ni deru
desligar (vi)	電話を切る	denwa wo kiru

ocupado	話し中	hanashi chū
tocar (vi)	鳴る	naru
lista (f) telefónica	電話帳	denwa chō

local	市内の	shinai no
chamada (f) local	市内電話	shinai denwa
de longa distância	市外の	shigai no
chamada (f) de longa distância	市外電話	shigai denwa
internacional	国際の	kokusai no
chamada (f) internacional	国際電話	kokusai denwa

45. Telefone móvel

telemóvel (m)	携帯電話	keitai denwa
ecrã (m)	ディスプレイ	disupurei
botão (m)	ボタン	botan
cartão SIM (m)	ＳＩＭカード	shimu kādo

bateria (f)	電池	denchi
descarregar-se	切れる	kireru
carregador (m)	充電器	jūden ki

menu (m)	メニュー	menyū
definições (f pl)	設定	settei
melodia (f)	メロディー	merodī
escolher (vt)	選択する	sentaku suru

calculadora (f)	電卓	dentaku
correio (m) de voz	ボイスメール	boisu mēru
despertador (m)	目覚まし	mezamashi
contatos (m pl)	連絡先	renraku saki

| mensagem (f) de texto | テキストメッセージ | tekisuto messēji |
| assinante (m) | 加入者 | kanyū sha |

46. Estacionário

| caneta (f) | ボールペン | bōrupen |
| caneta (f) tinteiro | 万年筆 | mannenhitsu |

lápis (m)	鉛筆	enpitsu
marcador (m)	蛍光ペン	keikō pen
caneta (f) de feltro	フェルトペン	feruto pen

bloco (m) de notas	メモ帳	memo chō
agenda (f)	手帳	techō
régua (f)	定規	jōgi
calculadora (f)	電卓	dentaku
borracha (f)	消しゴム	keshigomu
pionés (m)	画鋲	gabyō
clipe (m)	ゼムクリップ	zemu kurippu
cola (f)	糊	nori
agrafador (m)	ホッチキス	hocchikisu
furador (m)	パンチ	panchi
afia-lápis (m)	鉛筆削り	enpitsu kezuri

47. Línguas estrangeiras

língua (f)	言語	gengo
estrangeiro	外国の	gaikoku no
língua (f) estrangeira	外国語	gaikoku go
estudar (vt)	勉強する	benkyō suru
aprender (vt)	学ぶ	manabu
ler (vt)	読む	yomu
falar (vi)	話す	hanasu
compreender (vt)	理解する	rikai suru
escrever (vt)	書く	kaku
rapidamente	速く	hayaku
devagar	ゆっくり	yukkuri
fluentemente	流ちょうに	ryūchō ni
regras (f pl)	規則	kisoku
gramática (f)	文法	bunpō
vocabulário (m)	語彙	goi
fonética (f)	音声学	onseigaku
manual (m) escolar	教科書	kyōkasho
dicionário (m)	辞書	jisho
manual (m) de autoaprendizagem	独習書	dokushū sho
guia (m) de conversação	慣用表現集	kanyō hyōgen shū
cassete (f)	カセットテープ	kasettotēpu
vídeo cassete (m)	ビデオテープ	bideotēpu
CD (m)	ＣＤ（シーディー）	shīdī
DVD (m)	ＤＶＤ［ディーブイディー］	dībuidī
alfabeto (m)	アルファベット	arufabetto
soletrar (vt)	スペリングを言う	superingu wo iu
pronúncia (f)	発音	hatsuon
sotaque (m)	なまり［訛り］	namari
com sotaque	訛りのある	namari no aru
sem sotaque	訛りのない	namari no nai

| palavra (f) | 単語 | tango |
| sentido (m) | 意味 | imi |

cursos (m pl)	講座	kōza
inscrever-se (vr)	申し込む	mōshikomu
professor (m)	先生	sensei

tradução (processo)	翻訳	honyaku
tradução (texto)	訳文	yakubun
tradutor (m)	翻訳者	honyaku sha
intérprete (m)	通訳者	tsūyaku sha

| poliglota (m) | ポリグロット | porigurotto |
| memória (f) | 記憶 | kioku |

REFEIÇÕES. RESTAURANTE

48. Por a mesa

colher (f)	スプーン	supūn
faca (f)	ナイフ	naifu
garfo (m)	フォーク	fōku
chávena (f)	カップ	kappu
prato (m)	皿	sara
pires (m)	ソーサー	sōsā
guardanapo (m)	ナフキン	nafukin
palito (m)	つまようじ［爪楊枝］	tsumayōji

49. Restaurante

restaurante (m)	レストラン	resutoran
café (m)	喫茶店	kissaten
bar (m), cervejaria (f)	パブ、バー	pabu, bā
salão (m) de chá	喫茶店	kissaten
empregado (m) de mesa	ウェイター	weitā
empregada (f) de mesa	ウェートレス	wētoresu
barman (m)	バーテンダー	bātendā
ementa (f)	メニュー	menyū
lista (f) de vinhos	ワインリスト	wain risuto
reservar uma mesa	テーブルを予約する	tēburu wo yoyaku suru
prato (m)	料理	ryōri
pedir (vt)	注文する	chūmon suru
fazer o pedido	注文する	chūmon suru
aperitivo (m)	アペリティフ	aperitifu
entrada (f)	前菜	zensai
sobremesa (f)	デザート	dezāto
conta (f)	お勘定	okanjō
pagar a conta	勘定を払う	kanjō wo harau
dar o troco	釣り銭を渡す	tsurisen wo watasu
gorjeta (f)	チップ	chippu

50. Refeições

comida (f)	食べ物	tabemono
comer (vt)	食べる	taberu

pequeno-almoço (m)	朝食	chōshoku
tomar o pequeno-almoço	朝食をとる	chōshoku wo toru
almoço (m)	昼食	chūshoku
almoçar (vi)	昼食をとる	chūshoku wo toru
jantar (m)	夕食	yūshoku
jantar (vi)	夕食をとる	yūshoku wo toru

| apetite (m) | 食欲 | shokuyoku |
| Bom apetite! | どうぞお召し上がり下さい！ | dōzo o meshiagarikudasai! |

abrir (~ uma lata, etc.)	開ける	akeru
derramar (vt)	こぼす	kobosu
derramar-se (vr)	こぼれる	koboreru

ferver (vi)	沸く	waku
ferver (vt)	沸かす	wakasu
fervido	沸騰させた	futtō sase ta
arrefecer (vt)	冷やす	hiyasu
arrefecer-se (vr)	冷える	hieru

| sabor, gosto (m) | 味 | aji |
| gostinho (m) | 後味 | atoaji |

fazer dieta	ダイエットをする	daietto wo suru
dieta (f)	ダイエット	daietto
vitamina (f)	ビタミン	bitamin
caloria (f)	カロリー	karorī
vegetariano (m)	ベジタリアン	bejitarian
vegetariano	ベジタリアン用の	bejitarian yōno

gorduras (f pl)	脂肪	shibō
proteínas (f pl)	タンパク質［蛋白質］	tanpaku shitsu
carboidratos (m pl)	炭水化物	tansuikabutsu
fatia (~ de limão, etc.)	スライス	suraisu
pedaço (~ de bolo)	一切れ	ichi kire
migalha (f)	くず	kuzu

51. Pratos cozinhados

prato (m)	料理	ryōri
cozinha (~ portuguesa)	料理	ryōri
receita (f)	レシピ	reshipi
porção (f)	一人前	ichi ninmae

| salada (f) | サラダ | sarada |
| sopa (f) | スープ | sūpu |

caldo (m)	ブイヨン	buiyon
sandes (f)	サンドイッチ	sandoicchi
ovos (m pl) estrelados	目玉焼き	medamayaki

hambúrguer (m)	ハンバーガー	hanbāgā
bife (m)	ビーフステーキ	bīfusutēki
conduto (m)	付け合わせ	tsukeawase

espaguete (m)	スパゲッティ	supagetti
puré (m) de batata	マッシュポテト	masshupoteto
pizza (f)	ピザ	piza
papa (f)	ポリッジ	porijji
omelete (f)	オムレツ	omuretsu
cozido em água	煮た	ni ta
fumado	薫製の	kunsei no
frito	揚げた	age ta
seco	干した	hoshi ta
congelado	冷凍の	reitō no
em conserva	酢漬けの	suzuke no
doce (açucarado)	甘い	amai
salgado	塩味の	shioaji no
frio	冷たい	tsumetai
quente	熱い	atsui
amargo	苦い	nigai
gostoso	美味しい	oishī
cozinhar (em água a ferver)	水で煮る	mizu de niru
fazer, preparar (vt)	料理をする	ryōri wo suru
fritar (vt)	揚げる	ageru
aquecer (vt)	温める	atatameru
salgar (vt)	塩をかける	shio wo kakeru
apimentar (vt)	コショウをかける	koshō wo kakeru
ralar (vt)	すりおろす	suri orosu
casca (f)	皮	kawa
descascar (vt)	皮をむく	kawa wo muku

52. Comida

carne (f)	肉	niku
galinha (f)	鶏	niwatori
frango (m)	若鶏	wakadori
pato (m)	ダック	dakku
ganso (m)	ガチョウ	gachō
caça (f)	獲物	emono
peru (m)	七面鳥	shichimenchō
carne (f) de porco	豚肉	buta niku
carne (f) de vitela	子牛肉	kōshi niku
carne (f) de carneiro	子羊肉	kohitsuji niku
carne (f) de vaca	牛肉	gyū niku
carne (f) de coelho	兎肉	usagi niku
chouriço, salsichão (m)	ソーセージ	sōsēji
salsicha (f)	ソーセージ	sōsēji
bacon (m)	ベーコン	bēkon
fiambre (f)	ハム	hamu
presunto (m)	ガモン	gamon
patê (m)	パテ	pate
fígado (m)	レバー	rebā

| carne (f) moída | 挽肉 | hikiniku |
| língua (f) | タン | tan |

ovo (m)	卵	tamago
ovos (m pl)	卵	tamago
clara (f) do ovo	卵の白身	tamago no shiromi
gema (f) do ovo	卵の黄身	tamago no kimi

peixe (m)	魚	sakana
mariscos (m pl)	魚介	gyokai
caviar (m)	キャビア	kyabia

caranguejo (m)	カニ [蟹]	kani
camarão (m)	エビ	ebi
ostra (f)	カキ [牡蠣]	kaki
lagosta (f)	伊勢エビ	ise ebi
polvo (m)	タコ	tako
lula (f)	イカ	ika

esturjão (m)	チョウザメ	chōzame
salmão (m)	サケ [鮭]	sake
halibute (m)	ハリバット	haribatto

bacalhau (m)	タラ [鱈]	tara
cavala, sarda (f)	サバ [鯖]	saba
atum (m)	マグロ [鮪]	maguro
enguia (f)	ウナギ [鰻]	unagi

truta (f)	マス [鱒]	masu
sardinha (f)	イワシ	iwashi
lúcio (m)	カワカマス	kawakamasu
arenque (m)	ニシン	nishin

pão (m)	パン	pan
queijo (m)	チーズ	chīzu
açúcar (m)	砂糖	satō
sal (m)	塩	shio

arroz (m)	米	kome
massas (f pl)	パスタ	pasuta
talharim (m)	麺	men

manteiga (f)	バター	batā
óleo (m) vegetal	植物油	shokubutsu yu
óleo (m) de girassol	ひまわり油	himawari yu
margarina (f)	マーガリン	māgarin

| azeitonas (f pl) | オリーブ | orību |
| azeite (m) | オリーブ油 | orību yu |

leite (m)	乳、ミルク	nyū, miruku
leite (m) condensado	練乳	rennyū
iogurte (m)	ヨーグルト	yōguruto
nata (f) azeda	サワークリーム	sawā kurīmu
nata (f) do leite	クリーム	kurīmu
maionese (f)	マヨネーズ	mayonēzu

creme (m)	バタークリーム	batā kurīmu
grãos (m pl) de cereais	穀物	kokumotsu
farinha (f)	小麦粉	komugiko
enlatados (m pl)	缶詰	kanzume

flocos (m pl) de milho	コーンフレーク	kōn furēku
mel (m)	蜂蜜	hachimitsu
doce (m)	ジャム	jamu
pastilha (f) elástica	チューインガム	chūin gamu

53. Bebidas

água (f)	水	mizu
água (f) potável	飲用水	inyō sui
água (f) mineral	ミネラルウォーター	mineraru wōtā

sem gás	無炭酸の	mu tansan no
gaseificada	炭酸の	tansan no
com gás	発泡性の	happō sei no
gelo (m)	氷	kōri
com gelo	氷入りの	kōri iri no

sem álcool	ノンアルコールの	non arukŌru no
bebida (f) sem álcool	炭酸飲料	tansan inryō
refresco (m)	清涼飲料水	seiryōinryōsui
limonada (f)	レモネード	remonēdo

bebidas (f pl) alcoólicas	アルコール	arukōru
vinho (m)	ワイン	wain
vinho (m) branco	白ワイン	shiro wain
vinho (m) tinto	赤ワイン	aka wain

licor (m)	リキュール	rikyūru
champanhe (m)	シャンパン	shanpan
vermute (m)	ベルモット	berumotto

uísque (m)	ウイスキー	uisukī
vodka (f)	ウォッカ	wokka
gim (m)	ジン	jin
conhaque (m)	コニャック	konyakku
rum (m)	ラム酒	ramu shu

café (m)	コーヒー	kōhī
café (m) puro	ブラックコーヒー	burakku kōhī
café (m) com leite	ミルク入りコーヒー	miruku iri kōhī
cappuccino (m)	カプチーノ	kapuchīno
café (m) solúvel	インスタントコーヒー	insutanto kōhī

leite (m)	乳、ミルク	nyū, miruku
coquetel (m)	カクテル	kakuteru
batido (m) de leite	ミルクセーキ	miruku sēki

| sumo (m) | ジュース | jūsu |
| sumo (m) de tomate | トマトジュース | tomato jūsu |

sumo (m) de laranja	オレンジジュース	orenji jūsu
sumo (m) fresco	搾りたてのジュース	shibori tate no jūsu
cerveja (f)	ビール	bīru
cerveja (f) clara	ライトビール	raito bīru
cerveja (f) preta	黒ビール	kuro bīru
chá (m)	茶	cha
chá (m) preto	紅茶	kō cha
chá (m) verde	緑茶	ryoku cha

54. Vegetais

legumes (m pl)	野菜	yasai
verduras (f pl)	青物	aomono
tomate (m)	トマト	tomato
pepino (m)	きゅうり ［胡瓜］	kyūri
cenoura (f)	ニンジン ［人参］	ninjin
batata (f)	ジャガイモ	jagaimo
cebola (f)	たまねぎ ［玉葱］	tamanegi
alho (m)	ニンニク	ninniku
couve (f)	キャベツ	kyabetsu
couve-flor (f)	カリフラワー	karifurawā
couve-de-bruxelas (f)	メキャベツ	mekyabetsu
brócolos (m pl)	ブロッコリー	burokkorī
beterraba (f)	テーブルビート	tēburu bīto
beringela (f)	ナス	nasu
curgete (f)	ズッキーニ	zukkīni
abóbora (f)	カボチャ	kabocha
nabo (m)	カブ	kabu
salsa (f)	パセリ	paseri
funcho, endro (m)	ディル	diru
alface (f)	レタス	retasu
aipo (m)	セロリ	serori
espargo (m)	アスパラガス	asuparagasu
espinafre (m)	ホウレンソウ	hōrensō
ervilha (f)	エンドウ	endō
fava (f)	豆類	mamerui
milho (m)	トウモロコシ	tōmorokoshi
feijão (m)	金時豆	kintoki mame
pimentão (m)	コショウ	koshō
rabanete (m)	ハツカダイコン	hatsukadaikon
alcachofra (f)	アーティチョーク	ātichōku

55. Frutos. Nozes

fruta (f)	果物	kudamono
maçã (f)	リンゴ	ringo

pera (f)	洋梨	yōnashi
limão (m)	レモン	remon
laranja (f)	オレンジ	orenji
morango (m)	イチゴ（苺）	ichigo

tangerina (f)	マンダリン	mandarin
ameixa (f)	プラム	puramu
pêssego (m)	モモ［桃］	momo
damasco (m)	アンズ［杏子］	anzu
framboesa (f)	ラズベリー（木苺）	razuberī
ananás (m)	パイナップル	painappuru

banana (f)	バナナ	banana
melancia (f)	スイカ	suika
uva (f)	ブドウ［葡萄］	budō
ginja, cereja (f)	チェリー	cherī
ginja (f)	サワー チェリー	sawā cherī
cereja (f)	スイート チェリー	suīto cherī
meloa (f)	メロン	meron

toranja (f)	グレープフルーツ	gurēbu furūtsu
abacate (m)	アボカド	abokado
papaia (f)	パパイヤ	papaiya
manga (f)	マンゴー	mangō
romã (f)	ザクロ	zakuro

groselha (f) vermelha	フサスグリ	fusa suguri
groselha (f) preta	クロスグリ	kuro suguri
groselha (f) espinhosa	セイヨウスグリ	seiyō suguri
mirtilo (m)	ビルベリー	biruberī
amora silvestre (f)	ブラックベリー	burakku berī

uvas (f pl) passas	レーズン	rēzun
figo (m)	イチジク	ichijiku
tâmara (f)	デーツ	dētsu

amendoim (m)	ピーナッツ	pīnattsu
amêndoa (f)	アーモンド	āmondo
noz (f)	クルミ（胡桃）	kurumi
avelã (f)	ヘーゼルナッツ	hēzeru nattsu
coco (m)	ココナッツ	koko nattsu
pistáchios (m pl)	ピスタチオ	pisutachio

56. Pão. Bolaria

pastelaria (f)	菓子類	kashi rui
pão (m)	パン	pan
bolacha (f)	クッキー	kukkī

chocolate (m)	チョコレート	chokorēto
de chocolate	チョコレートの	chokorēto no
rebuçado (m)	キャンディー	kyandī
bolo (cupcake, etc.)	ケーキ	kēki
bolo (m) de aniversário	ケーキ	kēki

tarte (~ de maçã)	パイ	pai
recheio (m)	フィリング	firingu

doce (m)	ジャム	jamu
geleia (f) de frutas	マーマレード	māmarēdo
waffle (m)	ワッフル	waffuru
gelado (m)	アイスクリーム	aisukurīmu
pudim (m)	プディング	pudingu

57. Especiarias

sal (m)	塩	shio
salgado	塩味の	shioaji no
salgar (vt)	塩をかける	shio wo kakeru

pimenta (f) preta	黒コショウ	kuro koshō
pimenta (f) vermelha	赤唐辛子	aka tōgarashi
mostarda (f)	マスタード	masutādo
raiz-forte (f)	セイヨウワサビ	seiyō wasabi

condimento (m)	調味料	chōmiryō
especiaria (f)	香辛料	kōshinryō
molho (m)	ソース	sōsu
vinagre (m)	酢、ビネガー	su, binegā

anis (m)	アニス	anisu
manjericão (m)	バジル	bajiru
cravo (m)	クローブ	kurōbu
gengibre (m)	生姜、ジンジャー	shōga, jinjā
coentro (m)	コリアンダー	koriandā
canela (f)	シナモン	shinamon

sésamo (m)	ゴマ [胡麻]	goma
folhas (f pl) de louro	ローリエ	rōrie
páprica (f)	パプリカ	papurika
cominho (m)	キャラウェイ	kyarawei
açafrão (m)	サフラン	safuran

INFORMAÇÃO PESSOAL. FAMÍLIA

58. Informação pessoal. Formulários

nome (m)	名前	namae
apelido (m)	姓	sei
data (f) de nascimento	誕生日	tanjō bi
local (m) de nascimento	出生地	shusseichi
nacionalidade (f)	国籍	kokuseki
lugar (m) de residência	住所	jūsho
país (m)	国	kuni
profissão (f)	職業	shokugyō
sexo (m)	性	sei
estatura (f)	身長	shinchō
peso (m)	体重	taijū

59. Membros da família. Parentes

mãe (f)	母親	hahaoya
pai (m)	父親	chichioya
filho (m)	息子	musuko
filha (f)	娘	musume
filha (f) mais nova	下の娘	shitano musume
filho (m) mais novo	下の息子	shitano musuko
filha (f) mais velha	長女	chōjo
filho (m) mais velho	長男	chōnan
irmão (m)	兄、弟、兄弟	ani, otōto, kyoōdai
irmão (m) mais velho	兄	ani
irmão (m) mais novo	弟	otōto
irmã (f)	姉、妹、姉妹	ane, imōto, shimai
irmã (f) mais velha	姉	ane
irmã (f) mais nova	妹	imōto
primo (m)	従兄弟	itoko
prima (f)	従姉妹	itoko
mamã (f)	お母さん	okāsan
papá (m)	お父さん	otōsan
pais (pl)	親	oya
criança (f)	子供	kodomo
crianças (f pl)	子供	kodomo
avó (f)	祖母	sobo
avô (m)	祖父	sofu
neto (m)	孫息子	mago musuko

| neta (f) | 孫娘 | mago musume |
| netos (pl) | 孫 | mago |

tio (m)	伯父	oji
tia (f)	伯母	oba
sobrinho (m)	甥	oi
sobrinha (f)	姪	mei

sogra (f)	妻の母親	tsuma no hahaoya
sogro (m)	義父	gifu
genro (m)	娘の夫	musume no otto
madrasta (f)	継母	keibo
padrasto (m)	継父	keifu

criança (f) de colo	乳児	nyūji
bebé (m)	赤ん坊	akanbō
menino (m)	子供	kodomo

mulher (f)	妻	tsuma
marido (m)	夫	otto
esposo (m)	配偶者	haigū sha
esposa (f)	配偶者	haigū sha

casado	既婚の	kikon no
casada	既婚の	kikon no
solteiro	独身の	dokushin no
solteirão (m)	独身男性	dokushin dansei
divorciado	離婚した	rikon shi ta
viúva (f)	未亡人	mibōjin
viúvo (m)	男やもめ	otokoyamome

parente (m)	親戚	shinseki
parente (m) próximo	近い親戚	chikai shinseki
parente (m) distante	遠い親戚	tōi shinseki
parentes (m pl)	親族	shinzoku

órfão (m), órfã (f)	孤児	koji
tutor (m)	後見人	kōkennin
adotar (um filho)	養子にする	yōshi ni suru
adotar (uma filha)	養女にする	yōjo ni suru

60. Amigos. Colegas de trabalho

amigo (m)	友達	tomodachi
amiga (f)	友達	tomodachi
amizade (f)	友情	yūjō
ser amigos	友達だ	tomodachi da

amigo (m)	友達	tomodachi
amiga (f)	女友達	onna tomodachi
parceiro (m)	パートナー	pātonā

| chefe (m) | 長 | chō |
| superior (m) | 上司、上役 | jōshi, uwayaku |

proprietário (m)	経営者	keieisha
subordinado (m)	部下	buka
colega (m)	同僚	dōryō
conhecido (m)	知り合い	shiriai
companheiro (m) de viagem	同調者	dōchō sha
colega (m) de classe	クラスメート	kurasumēto
vizinho (m)	隣人、近所	rinjin, kinjo
vizinha (f)	隣人、近所	rinjin, kinjo
vizinhos (pl)	隣人	rinjin

CORPO HUMANO. MEDICINA

61. Cabeça

cabeça (f)	頭	atama
cara (f)	顔	kao
nariz (m)	鼻	hana
boca (f)	口	kuchi
olho (m)	眼	me
olhos (m pl)	両眼	ryōgan
pupila (f)	瞳	hitomi
sobrancelha (f)	眉	mayu
pestana (f)	まつげ	matsuge
pálpebra (f)	まぶた	mabuta
língua (f)	舌	shita
dente (m)	歯	ha
lábios (m pl)	唇	kuchibiru
maçãs (f pl) do rosto	頬骨	hōbone
gengiva (f)	歯茎	haguki
palato (m)	口蓋	kōgai
narinas (f pl)	鼻孔	bikō
queixo (m)	あご（頤）	ago
mandíbula (f)	顎	ago
bochecha (f)	頬	hō
testa (f)	額	hitai
têmpora (f)	こめかみ	komekami
orelha (f)	耳	mimi
nuca (f)	後頭部	kōtōbu
pescoço (m)	首	kubi
garganta (f)	喉	nodo
cabelos (m pl)	髪の毛	kaminoke
penteado (m)	髪形	kamigata
corte (m) de cabelo	髪型	kamigata
peruca (f)	かつら	katsura
bigode (m)	口ひげ	kuchihige
barba (f)	あごひげ	agohige
usar, ter (~ barba, etc.)	生やしている	hayashi te iru
trança (f)	三つ編み	mitsu ami
suíças (f pl)	もみあげ	momiage
ruivo	赤毛の	akage no
grisalho	白髪の	hakuhatsu no
calvo	はげ頭の	hageatama no
calva (f)	はげた部分	hage ta bubun

| rabo-de-cavalo (m) | ポニーテール | ponītēru |
| franja (f) | 前髪 | maegami |

62. Corpo humano

| mão (f) | 手 | te |
| braço (m) | 腕 | ude |

dedo (m)	指	yubi
dedo (m) do pé	つま先	tsumasaki
polegar (m)	親指	oyayubi
dedo (m) mindinho	小指	koyubi
unha (f)	爪	tsume

punho (m)	拳	kobushi
palma (f) da mão	手のひら	tenohira
pulso (m)	手首	tekubi
antebraço (m)	前腕	zen wan
cotovelo (m)	肘	hiji
ombro (m)	肩	kata

perna (f)	足 [脚]	ashi
pé (m)	足	ashi
joelho (m)	膝	hiza
barriga (f) da perna	ふくらはぎ	fuku ra hagi
anca (f)	腰	koshi
calcanhar (m)	かかと [踵]	kakato

corpo (m)	身体	shintai
barriga (f)	腹	hara
peito (m)	胸	mune
seio (m)	乳房	chibusa
lado (m)	脇腹	wakibara
costas (f pl)	背中	senaka
região (f) lombar	腰背部	yōwa ibu
cintura (f)	腰	koshi

umbigo (m)	へそ [臍]	heso
nádegas (f pl)	臀部	denbu
traseiro (m)	尻	shiri

sinal (m)	美人ぼくろ	bijinbokuro
sinal (m) de nascença	母斑	bohan
tatuagem (f)	タトゥー	tatū
cicatriz (f)	傷跡	kizuato

63. Doenças

doença (f)	病気	byōki
estar doente	病気になる	byōki ni naru
saúde (f)	健康	kenkō
nariz (m) a escorrer	鼻水	hanamizu

amigdalite (f)	狭心症	kyōshinshō
constipação (f)	風邪	kaze
constipar-se (vr)	風邪をひく	kaze wo hiku
bronquite (f)	気管支炎	kikanshien
pneumonia (f)	肺炎	haien
gripe (f)	インフルエンザ	infuruenza
míope	近視の	kinshi no
presbita	遠視の	enshi no
estrabismo (m)	斜視	shashi
estrábico	斜視の	shashi no
catarata (f)	白内障	hakunaishō
glaucoma (m)	緑内障	ryokunaishō
AVC (m), apoplexia (f)	脳卒中	nōsocchū
ataque (m) cardíaco	心臓発作	shinzō hossa
enfarte (m) do miocárdio	心筋梗塞	shinkinkōsoku
paralisia (f)	まひ ［麻痺］	mahi
paralisar (vt)	まひさせる	mahi saseru
alergia (f)	アレルギー	arerugī
asma (f)	ぜんそく ［喘息］	zensoku
diabetes (f)	糖尿病	tōnyō byō
dor (f) de dentes	歯痛	shitsū
cárie (f)	カリエス	kariesu
diarreia (f)	下痢	geri
prisão (f) de ventre	便秘	benpi
desarranjo (m) intestinal	胃のむかつき	i no mukatsuki
intoxicação (f) alimentar	食中毒	shokuchūdoku
intoxicar-se	食中毒にかかる	shokuchūdoku ni kakaru
artrite (f)	関節炎	kansetsu en
raquitismo (m)	くる病	kuru yamai
reumatismo (m)	リューマチ	ryūmachi
arteriosclerose (f)	アテローム性動脈硬化	ate rōmu sei dōmyaku kōka
gastrite (f)	胃炎	ien
apendicite (f)	虫垂炎	chūsuien
colecistite (f)	胆嚢炎	tannō en
úlcera (f)	潰瘍	kaiyō
sarampo (m)	麻疹	hashika
rubéola (f)	風疹	fūshin
iterícia (f)	黄疸	ōdan
hepatite (f)	肝炎	kanen
esquizofrenia (f)	統合失調症	tōgō shicchō shō
raiva (f)	恐水病	kyōsuibyō
neurose (f)	神経症	shinkeishō
comoção (f) cerebral	脳震とう（脳震盪）	nōshintō
cancro (m)	がん ［癌］	gan
esclerose (f)	硬化症	kōka shō

esclerose (f) múltipla	多発性硬化症	tahatsu sei kōka shō
alcoolismo (m)	アルコール依存症	arukōru izon shō
alcoólico (m)	アルコール依存症患者	arukōru izon shō kanja
sífilis (f)	梅毒	baidoku
SIDA (f)	エイズ	eizu

tumor (m)	腫瘍	shuyō
maligno	悪性の	akusei no
benigno	良性の	ryōsei no

febre (f)	発熱	hatsunetsu
malária (f)	マラリア	mararia
gangrena (f)	壊疽	eso
enjoo (m)	船酔い	fune yoi
epilepsia (f)	てんかん [癲癇]	tenkan

epidemia (f)	伝染病	densen byō
tifo (m)	チフス	chifusu
tuberculose (f)	結核	kekkaku
cólera (f)	コレラ	korera
peste (f)	ペスト	pesuto

64. Sintomas. Tratamentos. Parte 1

sintoma (m)	兆候	chōkō
temperatura (f)	体温	taion
febre (f)	熱	netsu
pulso (m)	脈拍	myakuhaku

vertigem (f)	目まい [眩暈]	memai
quente (testa, etc.)	熱い	atsui
calafrio (m)	震え	furue
pálido	青白い	aojiroi

tosse (f)	咳	seki
tossir (vi)	咳をする	seki wo suru
espirrar (vi)	くしゃみをする	kushami wo suru
desmaio (m)	気絶	kizetsu
desmaiar (vi)	気絶する	kizetsu suru

nódoa (f) negra	打ち身	uchimi
galo (m)	たんこぶ	tankobu
magoar-se (vr)	あざができる	aza ga dekiru
pisadura (f)	打撲傷	dabokushō
aleijar-se (vr)	打撲する	daboku suru

coxear (vi)	足を引きずる	ashi wo hikizuru
deslocação (f)	脱臼	dakkyū
deslocar (vt)	脱臼する	dakkyū suru
fratura (f)	骨折	kossetsu
fraturar (vt)	骨折する	kossetsu suru

| corte (m) | 切り傷 | kirikizu |
| cortar-se (vr) | 切り傷を負う | kirikizu wo ō |

hemorragia (f)	出血	shukketsu
queimadura (f)	火傷	yakedo
queimar-se (vr)	火傷する	yakedo suru

picar (vt)	刺す	sasu
picar-se (vr)	自分を刺す	jibun wo sasu
lesionar (vt)	けがする	kega suru
lesão (m)	けが［怪我］	kega
ferida (f), ferimento (m)	負傷	fushō
trauma (m)	外傷	gaishō

delirar (vi)	熱に浮かされる	netsu ni ukasareru
gaguejar (vi)	どもる	domoru
insolação (f)	日射病	nisshabyō

65. Sintomas. Tratamentos. Parte 2

| dor (f) | 痛み | itami |
| farpa (no dedo) | とげ［棘］ | toge |

suor (m)	汗	ase
suar (vi)	汗をかく	ase wo kaku
vómito (m)	嘔吐	ōto
convulsões (f pl)	けいれん［痙攣］	keiren

grávida	妊娠している	ninshin shi te iru
nascer (vi)	生まれる	umareru
parto (m)	分娩	bumben
dar à luz	分娩する	bumben suru
aborto (m)	妊娠中絶	ninshin chūzetsu

respiração (f)	呼吸	kokyū
inspiração (f)	息を吸うこと	iki wo sū koto
expiração (f)	息を吐くこと	iki wo haku koto
expirar (vi)	息を吐く	iki wo haku
inspirar (vi)	息を吸う	iki wo sū

inválido (m)	障害者	shōgai sha
aleijado (m)	身障者	shinshōsha
toxicodependente (m)	麻薬中毒者	mayaku chūdoku sha

surdo	ろうの［聾の］	rō no
mudo	口のきけない	kuchi no kike nai
surdo-mudo	ろうあの［聾唖の］	rōa no

louco (adj.)	狂気の	kyōki no
louco (m)	狂人	kyōjin
louca (f)	狂女	kyōjo
ficar louco	気が狂う	ki ga kurū

gene (m)	遺伝子	idenshi
imunidade (f)	免疫	meneki
hereditário	遺伝性の	iden sei no
congénito	先天性の	senten sei no

vírus (m)	ウィルス	wirusu
micróbio (m)	細菌	saikin
bactéria (f)	バクテリア	bakuteria
infeção (f)	伝染	densen

66. Sintomas. Tratamentos. Parte 3

hospital (m)	病院	byōin
paciente (m)	患者	kanja
diagnóstico (m)	診断	shindan
cura (f)	療養	ryōyō
tratamento (m) médico	治療	chiryō
curar-se (vr)	治療を受ける	chiryō wo ukeru
tratar (vt)	治療する	chiryō suru
cuidar (pessoa)	看護する	kango suru
cuidados (m pl)	看護	kango
operação (f)	手術	shujutsu
enfaixar (vt)	包帯をする	hōtai wo suru
enfaixamento (m)	包帯を巻くこと	hōtai wo maku koto
vacinação (f)	予防接種	yobō sesshu
vacinar (vt)	予防接種をする	yobō sesshu wo suru
injeção (f)	注射	chūsha
dar uma injeção	注射する	chūsha suru
ataque (~ de asma, etc.)	発作	hossa
amputação (f)	切断手術	setsudan shujutsu
amputar (vt)	切断する	setsudan suru
coma (f)	昏睡	konsui
estar em coma	昏睡状態になる	konsui jōtai ni naru
reanimação (f)	集中治療	shūchū chiryō
recuperar-se (vr)	回復する	kaifuku suru
estado (~ de saúde)	体調	taichō
consciência (f)	意識	ishiki
memória (f)	記憶	kioku
tirar (vt)	抜く	nuku
chumbo (m), obturação (f)	詰め物	tsume mono
chumbar, obturar (vt)	詰め物をする	tsume mono wo suru
hipnose (f)	催眠術	saimin jutsu
hipnotizar (vt)	催眠術をかける	saimin jutsu wo kakeru

67. Medicina. Drogas. Acessórios

medicamento (m)	薬	kusuri
remédio (m)	治療薬	chiryō yaku
receitar (vt)	処方する	shohō suru
receita (f)	処方	shohō

comprimido (m)	錠剤	jōzai
pomada (f)	軟膏	nankō
ampola (f)	アンプル	anpuru
preparado (m)	調合薬	chōgō yaku
xarope (m)	シロップ	shiroppu
cápsula (f)	丸剤	gan zai
remédio (m) em pó	粉薬	konagusuri
ligadura (f)	包帯	hōtai
algodão (m)	脱脂綿	dasshimen
iodo (m)	ヨード	yōdo
penso (m) rápido	ばんそうこう [絆創膏]	bansōkō
conta-gotas (m)	アイドロッパー	aidoroppā
termómetro (m)	体温計	taionkei
seringa (f)	注射器	chūsha ki
cadeira (f) de rodas	車椅子	kurumaisu
muletas (f pl)	松葉杖	matsubazue
analgésico (m)	痛み止め	itami tome
laxante (m)	下剤	gezai
álcool (m) etílico	エタノール	etanoru
ervas (f pl) medicinais	薬草	yakusō
de ervas (chá ~)	薬草の	yakusō no

APARTAMENTO

68. Apartamento

apartamento (m)	アパート	apāto
quarto (m)	部屋	heya
quarto (m) de dormir	寝室	shinshitsu
sala (f) de jantar	食堂	shokudō
sala (f) de estar	居間	ima
escritório (m)	書斎	shosai
antessala (f)	玄関	genkan
quarto (m) de banho	浴室	yokushitsu
toilette (lavabo)	トイレ	toire
teto (m)	天井	tenjō
chão, soalho (m)	床	yuka
canto (m)	隅	sumi

69. Mobiliário. Interior

mobiliário (m)	家具	kagu
mesa (f)	テーブル	tēburu
cadeira (f)	椅子	isu
cama (f)	ベッド	beddo
divã (m)	ソファ	sofa
cadeirão (m)	肘掛け椅子	hijikake isu
estante (f)	書棚	shodana
prateleira (f)	棚	tana
guarda-vestidos (m)	ワードローブ	wādo rōbu
cabide (m) de parede	ウォールハンガー	wōru hangā
cabide (m) de pé	コートスタンド	kōto sutando
cómoda (f)	チェスト	chesuto
mesinha (f) de centro	コーヒーテーブル	kōhī tēburu
espelho (m)	鏡	kagami
tapete (m)	カーペット	kāpetto
tapete (m) pequeno	マット	matto
lareira (f)	暖炉	danro
vela (f)	ろうそく	rōsoku
castiçal (m)	ろうそく立て	rōsoku date
cortinas (f pl)	カーテン	kāten
papel (m) de parede	壁紙	kabegami

estores (f pl)	ブラインド	buraindo
candeeiro (m) de mesa	テーブルランプ	têburu ranpu
candeeiro (m) de parede	ウォールランプ	wŏru ranpu
candeeiro (m) de pé	フロアスタンド	furoa sutando
lustre (m)	シャンデリア	shanderia
pé (de mesa, etc.)	脚	ashi
braço (m)	肘掛け	hijikake
costas (f pl)	背もたれ	semotare
gaveta (f)	引き出し	hikidashi

70. Quarto de dormir

roupa (f) de cama	寝具	shingu
almofada (f)	枕	makura
fronha (f)	枕カバー	makura kabā
cobertor (m)	毛布	mōfu
lençol (m)	シーツ	shītsu
colcha (f)	ベッドカバー	beddo kabā

71. Cozinha

cozinha (f)	台所	daidokoro
gás (m)	ガス	gasu
fogão (m) a gás	ガスコンロ	gasu konro
fogão (m) elétrico	電気コンロ	denki konro
forno (m)	オーブン	ōbun
forno (m) de micro-ondas	電子レンジ	denshi renji
frigorífico (m)	冷蔵庫	reizōko
congelador (m)	冷凍庫	reitōko
máquina (f) de lavar louça	食器洗い機	shokkiarai ki
moedor (m) de carne	肉挽き器	niku hiki ki
espremedor (m)	ジューサー	jūsā
torradeira (f)	トースター	tōsutā
batedeira (f)	ハンドミキサー	hando mikisā
máquina (f) de café	コーヒーメーカー	kōhī mēkā
cafeteira (f)	コーヒーポット	kōhī potto
moinho (m) de café	コーヒーグラインダー	kōhī guraindā
chaleira (f)	やかん	yakan
bule (m)	急須	kyūsu
tampa (f)	蓋 [ふた]	futa
coador (m) de chá	茶漉し	chakoshi
colher (f)	さじ [匙]	saji
colher (f) de chá	茶さじ	cha saji
colher (f) de sopa	大さじ [大匙]	ōsaji
garfo (m)	フォーク	fōku
faca (f)	ナイフ	naifu

louça (f)	食器	shokki
prato (m)	皿	sara
pires (m)	ソーサー	sōsā

cálice (m)	ショットグラス	shotto gurasu
copo (m)	コップ	koppu
chávena (f)	カップ	kappu

açucareiro (m)	砂糖入れ	satō ire
saleiro (m)	塩入れ	shio ire
pimenteiro (m)	胡椒入れ	koshō ire
manteigueira (f)	バター皿	batā zara

panela, caçarola (f)	両手鍋	ryō tenabe
frigideira (f)	フライパン	furaipan
concha (f)	おたま	o tama
passador (m)	水切りボール	mizukiri bōru
bandeja (f)	配膳盆	haizen bon

garrafa (f)	ボトル	botoru
boião (m) de vidro	ジャー、瓶	jā, bin
lata (f)	缶	kan

abre-garrafas (m)	栓抜き	sen nuki
abre-latas (m)	缶切り	kankiri
saca-rolhas (m)	コルク抜き	koruku nuki
filtro (m)	フィルター	firutā
filtrar (vt)	フィルターにかける	firutā ni kakeru

| lixo (m) | ゴミ［ごみ］ | gomi |
| balde (m) do lixo | ゴミ箱 | gomibako |

72. Casa de banho

quarto (m) de banho	浴室	yokushitsu
água (f)	水	mizu
torneira (f)	蛇口	jaguchi
água (f) quente	温水	onsui
água (f) fria	冷水	reisui

pasta (f) de dentes	歯磨き粉	hamigakiko
escovar os dentes	歯を磨く	ha wo migaku
escova (f) de dentes	歯ブラシ	haburashi

barbear-se (vr)	ひげを剃る	hige wo soru
espuma (f) de barbear	シェービングフォーム	shēbingu fōmu
máquina (f) de barbear	剃刀	kamisori

lavar (vt)	洗う	arau
lavar-se (vr)	風呂に入る	furo ni hairu
duche (m)	シャワー	shawā
tomar um duche	シャワーを浴びる	shawā wo abiru
banheira (f)	浴槽	yokusō
sanita (f)	トイレ、便器	toire, benki

lavatório (m)	洗面台	senmen dai
sabonete (m)	石鹸	sekken
saboneteira (f)	石鹸皿	sekken zara
esponja (f)	スポンジ	suponji
champô (m)	シャンプー	shanpū
toalha (f)	タオル	taoru
roupão (m) de banho	バスローブ	basurōbu
lavagem (f)	洗濯	sentaku
máquina (f) de lavar	洗濯機	sentaku ki
lavar a roupa	洗濯する	sentaku suru
detergente (m)	洗剤	senzai

73. Eletrodomésticos

televisor (m)	テレビ	terebi
gravador (m)	テープレコーダー	tēpurekōdā
videogravador (m)	ビデオ	bideo
rádio (m)	ラジオ	rajio
leitor (m)	プレーヤー	purēyā
projetor (m)	ビデオプロジェクター	bideo purojekutā
cinema (m) em casa	ホームシアター	hōmu shiatā
leitor (m) de DVD	DVDプレーヤー	dībuidī purēyā
amplificador (m)	アンプ	anpu
console (f) de jogos	ゲーム機	gēmu ki
câmara (f) de vídeo	ビデオカメラ	bideo kamera
máquina (f) fotográfica	カメラ	kamera
câmara (f) digital	デジタルカメラ	dejitaru kamera
aspirador (m)	掃除機	sōji ki
ferro (m) de engomar	アイロン	airon
tábua (f) de engomar	アイロン台	airondai
telefone (m)	電話	denwa
telemóvel (m)	携帯電話	keitai denwa
máquina (f) de escrever	タイプライター	taipuraitā
máquina (f) de costura	ミシン	mishin
microfone (m)	マイクロフォン	maikurofon
auscultadores (m pl)	ヘッドホン	heddohon
controlo remoto (m)	リモコン	rimokon
CD (m)	CD（シーディー）	shīdī
cassete (f)	カセットテープ	kasettotēpu
disco (m) de vinil	レコード	rekōdo

A TERRA. TEMPO

74. Espaço sideral

cosmos (m)	宇宙	uchū
cósmico	宇宙の	uchū no
espaço (m) cósmico	宇宙空間	uchū kūkan
mundo (m)	世界	sekai
universo (m)	宇宙	uchū
galáxia (f)	銀河系	gingakei
estrela (f)	星	hoshi
constelação (f)	星座	seiza
planeta (m)	惑星	wakusei
satélite (m)	衛星	eisei
meteorito (m)	隕石	inseki
cometa (m)	彗星	suisei
asteroide (m)	小惑星	shōwakusei
órbita (f)	軌道	kidō
girar (vi)	公転する	kōten suru
atmosfera (f)	大気	taiki
Sol (m)	太陽	taiyō
Sistema (m) Solar	太陽系	taiyōkei
eclipse (m) solar	日食	nisshoku
Terra (f)	地球	chikyū
Lua (f)	月	tsuki
Marte (m)	火星	kasei
Vénus (f)	金星	kinsei
Júpiter (m)	木星	mokusei
Saturno (m)	土星	dosei
Mercúrio (m)	水星	suisei
Urano (m)	天王星	tennōsei
Neptuno (m)	海王星	kaiōsei
Plutão (m)	冥王星	meiōsei
Via Láctea (f)	天の川	amanogawa
Ursa Maior (f)	おおぐま座	ōguma za
Estrela Polar (f)	北極星	hokkyokusei
marciano (m)	火星人	kasei jin
extraterrestre (m)	宇宙人	uchū jin
alienígena (m)	異星人	i hoshi jin

disco (m) voador	空飛ぶ円盤	sora tobu enban
nave (f) espacial	宇宙船	uchūsen
estação (f) orbital	宇宙ステーション	uchū sutēshon
lançamento (m)	打ち上げ	uchiage

motor (m)	エンジン	enjin
bocal (m)	ノズル	nozuru
combustível (m)	燃料	nenryō

| cabine (f) | コックピット | kokkupitto |
| antena (f) | アンテナ | antena |

vigia (f)	舷窓	gensō
bateria (f) solar	太陽電池	taiyō denchi
traje (m) espacial	宇宙服	uchū fuku

| imponderabilidade (f) | 無重力 | mu jūryoku |
| oxigénio (m) | 酸素 | sanso |

| acoplagem (f) | ドッキング | dokkingu |
| fazer uma acoplagem | ドッキングする | dokkingu suru |

| observatório (m) | 天文台 | tenmondai |
| telescópio (m) | 望遠鏡 | bōenkyō |

| observar (vt) | 観察する | kansatsu suru |
| explorar (vt) | 探索する | tansaku suru |

75. A Terra

Terra (f)	地球	chikyū
globo terrestre (Terra)	世界	sekai
planeta (m)	惑星	wakusei

atmosfera (f)	大気	taiki
geografia (f)	地理学	chiri gaku
natureza (f)	自然	shizen

globo (mapa esférico)	地球儀	chikyūgi
mapa (m)	地図	chizu
atlas (m)	地図帳	chizu chō

| Europa (f) | ヨーロッパ | yōroppa |
| Ásia (f) | アジア | ajia |

| África (f) | アフリカ | afurika |
| Austrália (f) | オーストラリア | ōsutoraria |

América (f)	アメリカ	amerika
América (f) do Norte	北アメリカ	kita amerika
América (f) do Sul	南アメリカ	minami amerika

| Antártida (f) | 南極大陸 | nankyokutairiku |
| Ártico (m) | 北極 | hokkyoku |

76. Pontos cardeais

norte (m)	北	kita
para norte	北へ	kita he
no norte	北に	kita ni
do norte	北の	kita no
sul (m)	南	minami
para sul	南へ	minami he
no sul	南に	minami ni
do sul	南の	minami no
oeste, ocidente (m)	西	nishi
para oeste	西へ	nishi he
no oeste	西に	nishi ni
ocidental	西の	nishi no
leste, oriente (m)	東	higashi
para leste	東へ	higashi he
no leste	東に	higashi ni
oriental	東の	higashi no

77. Mar. Oceano

mar (m)	海	umi
oceano (m)	海洋	kaiyō
golfo (m)	湾	wan
estreito (m)	海峡	kaikyō
terra (f) firme	乾燥地	kansō chi
continente (m)	大陸	tairiku
ilha (f)	島	shima
península (f)	半島	hantō
arquipélago (m)	多島海	tatōkai
baía (f)	入り江	irie
porto (m)	泊地	hakuchi
lagoa (f)	潟	kata
cabo (m)	岬	misaki
atol (m)	環礁	kanshō
recife (m)	暗礁	anshō
coral (m)	サンゴ	sango
recife (m) de coral	サンゴ礁	sangoshō
profundo	深い	fukai
profundidade (f)	深さ	fuka sa
abismo (m)	深淵	shinen
fossa (f) oceânica	海溝	kaikō
corrente (f)	海流	kairyū
banhar (vt)	取り囲む	torikakomu
litoral (m)	海岸	kaigan

costa (f)	沿岸	engan
maré (f) alta	満潮	manchō
refluxo (m), maré (f) baixa	干潮	kanchō
restinga (f)	砂州	sasu
fundo (m)	底	soko

onda (f)	波	nami
crista (f) da onda	波頭	namigashira
espuma (f)	泡	awa

tempestade (f)	嵐	arashi
furacão (m)	ハリケーン	harikēn
tsunami (m)	津波	tsunami
calmaria (f)	凪	nagi
calmo	穏やかな	odayaka na

| polo (m) | 極地 | kyokuchi |
| polar | 極地の | kyokuchi no |

latitude (f)	緯度	ido
longitude (f)	経度	keido
paralela (f)	度線	dosen
equador (m)	赤道	sekidō

céu (m)	空	sora
horizonte (m)	地平線	chiheisen
ar (m)	空気	kūki

farol (m)	灯台	tōdai
mergulhar (vi)	飛び込む	tobikomu
afundar-se (vr)	沈没する	chinbotsu suru
tesouros (m pl)	宝	takara

78. Nomes de Mares e Oceanos

Oceano (m) Atlântico	大西洋	taiseiyō
Oceano (m) Índico	インド洋	indoyō
Oceano (m) Pacífico	太平洋	taiheiyō
Oceano (m) Ártico	北氷洋	kitakōriyō

Mar (m) Negro	黒海	kokkai
Mar (m) Vermelho	紅海	kōkai
Mar (m) Amarelo	黄海	kōkai
Mar (m) Branco	白海	hakkai

Mar (m) Cáspio	カスピ海	kasupikai
Mar (m) Morto	死海	shikai
Mar (m) Mediterrâneo	地中海	chichūkai

| Mar (m) Egeu | エーグ海 | ēgekai |
| Mar (m) Adriático | アドリア海 | adoriakai |

| Mar (m) Arábico | アラビア海 | arabia kai |
| Mar (m) do Japão | 日本海 | nihonkai |

Mar (m) de Bering	ベーリング海	bēringukai
Mar (m) da China Meridional	南シナ海	minami shinakai
Mar (m) de Coral	珊瑚海	sangokai
Mar (m) de Tasman	タスマン海	tasumankai
Mar (m) do Caribe	カリブ海	karibukai
Mar (m) de Barents	バレンツ海	barentsukai
Mar (m) de Kara	カラ海	karakai
Mar (m) do Norte	北海	hokkai
Mar (m) Báltico	バルト海	barutokai
Mar (m) da Noruega	ノルウェー海	noruwē umi

79. Montanhas

montanha (f)	山	yama
cordilheira (f)	山脈	sanmyaku
serra (f)	山稜	sanryō
cume (m)	頂上	chōjō
pico (m)	とがった山頂	togatta sanchō
sopé (m)	麓	fumoto
declive (m)	山腹	sanpuku
vulcão (m)	火山	kazan
vulcão (m) ativo	活火山	kakkazan
vulcão (m) extinto	休火山	kyūkazan
erupção (f)	噴火	funka
cratera (f)	噴火口	funkakō
magma (m)	岩漿、マグマ	ganshō, maguma
lava (f)	溶岩	yōgan
fundido (lava ~a)	溶…	yō …
desfiladeiro (m)	峡谷	kyōkoku
garganta (f)	峡谷	kyōkoku
fenda (f)	裂け目	sakeme
precipício (m)	奈落の底	naraku no soko
passo, colo (m)	峠	tōge
planalto (m)	高原	kōgen
falésia (f)	断崖	dangai
colina (f)	丘	oka
glaciar (m)	氷河	hyōga
queda (f) d'água	滝	taki
géiser (m)	間欠泉	kanketsusen
lago (m)	湖	mizūmi
planície (f)	平原	heigen
paisagem (f)	風景	fūkei
eco (m)	こだま	kodama
alpinista (m)	登山家	tozan ka

escalador (m)	ロッククライマー	rokku kuraimā
conquistar (vt)	征服する	seifuku suru
subida, escalada (f)	登山	tozan

80. Nomes de montanhas

Alpes (m pl)	アルプス山脈	arupusu sanmyaku
monte Branco (m)	モンブラン	monburan
Pirineus (m pl)	ピレネー山脈	pirenē sanmyaku

Cárpatos (m pl)	カルパティア山脈	karupatia sanmyaku
montes (m pl) Urais	ウラル山脈	uraru sanmyaku
Cáucaso (m)	コーカサス山脈	kōkasasu sanmyaku
Elbrus (m)	エルブルス山	eruburusu san

Altai (m)	アルタイ山脈	arutai sanmyaku
Tian Shan (m)	天山山脈	amayama sanmyaku
Pamir (m)	パミール高原	pamīru kōgen
Himalaias (m pl)	ヒマラヤ	himaraya
monte (m) Everest	エベレスト	eberesuto

| Cordilheira (f) dos Andes | アンデス山脈 | andesu sanmyaku |
| Kilimanjaro (m) | キリマンジャロ | kirimanjaro |

81. Rios

rio (m)	川	kawa
fonte, nascente (f)	泉	izumi
leito (m) do rio	川床	kawadoko
bacia (f)	流域	ryūiki
desaguar no ...	…に流れ込む	... ni nagarekomu

| afluente (m) | 支流 | shiryū |
| margem (do rio) | 川岸 | kawagishi |

corrente (f)	流れ	nagare
rio abaixo	下流の	karyū no
rio acima	上流の	jōryū no

inundação (f)	洪水	kōzui
cheia (f)	氾濫	hanran
transbordar (vi)	氾濫する	hanran suru
inundar (vt)	水浸しにする	mizubitashi ni suru

| banco (m) de areia | 浅瀬 | asase |
| rápidos (m pl) | 急流 | kyūryū |

barragem (f)	ダム	damu
canal (m)	運河	unga
reservatório (m) de água	ため池 [溜池]	tameike
eclusa (f)	水門	suimon
corpo (m) de água	水域	suīki

pântano (m)	沼地	numachi
tremedal (m)	湿地	shicchi
remoinho (m)	渦	uzu

arroio, regato (m)	小川	ogawa
potável	飲用の	inyō no
doce (água)	淡…	tan …

| gelo (m) | 氷 | kōri |
| congelar-se (vr) | 氷結する | hyōketsu suru |

82. Nomes de rios

| rio Sena (m) | セーヌ川 | sēnu gawa |
| rio Loire (m) | ロワール川 | rowāru gawa |

rio Tamisa (m)	テムズ川	temuzu gawa
rio Reno (m)	ライン川	rain gawa
rio Danúbio (m)	ドナウ川	donau gawa

rio Volga (m)	ヴォルガ川	voruga gawa
rio Don (m)	ドン川	don gawa
rio Lena (m)	レナ川	rena gawa

rio Amarelo (m)	黄河	kōga
rio Yangtzé (m)	長江	chōkō
rio Mekong (m)	メコン川	mekon gawa
rio Ganges (m)	ガンジス川	ganjisu gawa

rio Nilo (m)	ナイル川	nairu gawa
rio Congo (m)	コンゴ川	kongo gawa
rio Cubango (m)	オカヴァンゴ川	okavango gawa
rio Zambeze (m)	ザンベジ川	zanbeji gawa
rio Limpopo (m)	リンポポ川	rinpopo gawa
rio Mississípi (m)	ミシシッピ川	mishishippi gawa

83. Floresta

| floresta (f), bosque (m) | 森林 | shinrin |
| florestal | 森林の | shinrin no |

mata (f) cerrada	密林	mitsurin
arvoredo (m)	木立	kodachi
clareira (f)	空き地	akichi

| matagal (m) | やぶ ［藪］ | yabu |
| mato (m) | 低木地域 | teiboku chīki |

vereda (f)	小道	komichi
ravina (f)	ガリ	gari
árvore (f)	木	ki
folha (f)	葉	ha

folhagem (f)	葉っぱ	happa
queda (f) das folhas	落葉	rakuyō
cair (vi)	落ちる	ochiru
topo (m)	木のてっぺん	kinoteppen

ramo (m)	枝	eda
galho (m)	主枝	shushi
botão, rebento (m)	芽 [め]	me
agulha (f)	松葉	matsuba
pinha (f)	松ぼっくり	matsubokkuri

buraco (m) de árvore	樹洞	kihora
ninho (m)	巣	su
toca (f)	巣穴	su ana

tronco (m)	幹	miki
raiz (f)	根	ne
casca (f) de árvore	樹皮	juhi
musgo (m)	コケ [苔]	koke

arrancar pela raiz	根こそぎにする	nekosogi ni suru
cortar (vt)	切り倒す	kiritaosu
desflorestar (vt)	切り払う	kiriharau
toco, cepo (m)	切り株	kirikabu

fogueira (f)	焚火	takibi
incêndio (m) florestal	森林火災	shinrin kasai
apagar (vt)	火を消す	hi wo kesu

guarda-florestal (m)	森林警備隊員	shinrin keibi taīn
proteção (f)	保護	hogo
proteger (a natureza)	保護する	hogo suru
caçador (m) furtivo	密漁者	mitsuryō sha
armadilha (f)	罠	wana

colher (cogumelos)	摘み集める	tsumi atsumeru
colher (bagas)	採る	toru
perder-se (vr)	道に迷う	michi ni mayō

84. Recursos naturais

recursos (m pl) naturais	天然資源	tennen shigen
minerais (m pl)	鉱物資源	kōbutsu shigen
depósitos (m pl)	鉱床	kōshō
jazida (f)	田	den

extrair (vt)	採掘する	saikutsu suru
extração (f)	採掘	saikutsu
minério (m)	鉱石	kōseki
mina (f)	鉱山	kōzan
poço (m) de mina	立坑	tatekō
mineiro (m)	鉱山労働者	kōzan rōdō sha
gás (m)	ガス	gasu
gasoduto (m)	ガスパイプライン	gasu paipurain

petróleo (m)	石油	sekiyu
oleoduto (m)	石油パイプライン	sekiyu paipurain
poço (m) de petróleo	油井	yusei
torre (f) petrolífera	油井やぐら	yusei ya gura
petroleiro (m)	タンカー	tankā
areia (f)	砂	suna
calcário (m)	石灰岩	sekkaigan
cascalho (m)	砂利	jari
turfa (f)	泥炭	deitan
argila (f)	粘土	nendo
carvão (m)	石炭	sekitan
ferro (m)	鉄	tetsu
ouro (m)	金	kin
prata (f)	銀	gin
níquel (m)	ニッケル	nikkeru
cobre (m)	銅	dō
zinco (m)	亜鉛	aen
manganês (m)	マンガン	mangan
mercúrio (m)	水銀	suigin
chumbo (m)	鉛	namari
mineral (m)	鉱物	kōbutsu
cristal (m)	水晶	suishō
mármore (m)	大理石	dairiseki
urânio (m)	ウラン	uran

85. Tempo

tempo (m)	天気	tenki
previsão (f) do tempo	天気予報	tenki yohō
temperatura (f)	温度	ondo
termómetro (m)	温度計	ondo kei
barómetro (m)	気圧計	kiatsu kei
húmido	湿度の	shitsudo no
humidade (f)	湿度	shitsudo
calor (m)	猛暑	mōsho
cálido	暑い	atsui
está muito calor	暑いです	atsui desu
está calor	暖かいです	atatakai desu
quente	暖かい	atatakai
está frio	寒いです	samui desu
frio	寒い	samui
sol (m)	太陽	taiyō
brilhar (vi)	照る	teru
de sol, ensolarado	晴れの	hare no
nascer (vi)	昇る	noboru
pôr-se (vr)	沈む	shizumu

nuvem (f)	雲	kumo
nublado	曇りの	kumori no
nuvem (f) preta	雨雲	amagumo
escuro, cinzento	どんよりした	donyori shi ta
chuva (f)	雨	ame
está a chover	雨が降っている	ame ga futte iru
chuvoso	雨の	ame no
chuviscar (vi)	そぼ降る	sobofuru
chuva (f) torrencial	土砂降りの雨	doshaburi no ame
chuvada (f)	大雨	õame
forte (chuva)	激しい	hageshī
poça (f)	水溜り	mizutamari
molhar-se (vr)	ぬれる ［濡れる］	nureru
nevoeiro (m)	霧	kiri
de nevoeiro	霧の	kiri no
neve (f)	雪	yuki
está a nevar	雪が降っている	yuki ga futte iru

86. Tempo extremo. Catástrofes naturais

trovoada (f)	雷雨	raiu
relâmpago (m)	稲妻	inazuma
relampejar (vi)	ピカッと光る	pikatto hikaru
trovão (m)	雷	kaminari
trovejar (vi)	雷が鳴る	kaminari ga naru
está a trovejar	雷が鳴っている	kaminari ga natte iru
granizo (m)	ひょう ［雹］	hyō
está a cair granizo	ひょうが降っている	hyō ga futte iru
inundar (vt)	水浸しにする	mizubitashi ni suru
inundação (f)	洪水	kōzui
terremoto (m)	地震	jishin
abalo, tremor (m)	震動	shindō
epicentro (m)	震源地	shingen chi
erupção (f)	噴火	funka
lava (f)	溶岩	yōgan
turbilhão (m)	旋風	senpū
tornado (m)	竜巻	tatsumaki
tufão (m)	台風	taifū
furacão (m)	ハリケーン	harikēn
tempestade (f)	暴風	bōfū
tsunami (m)	津波	tsunami
ciclone (m)	サイクロン	saikuron
mau tempo (m)	悪い天気	warui tenki

incêndio (m)	火事	kaji
catástrofe (f)	災害	saigai
meteorito (m)	隕石	inseki
avalanche (f)	雪崩	nadare
deslizamento (m) de neve	雪崩	nadare
nevasca (f)	猛吹雪	mō fubuki
tempestade (f) de neve	吹雪	fubuki

FAUNA

87. Mamíferos. Predadores

predador (m)	肉食獣	nikushoku juu
tigre (m)	トラ [虎]	tora
leão (m)	ライオン	raion
lobo (m)	オオカミ	ōkami
raposa (f)	キツネ [狐]	kitsune
jaguar (m)	ジャガー	jagā
leopardo (m)	ヒョウ [豹]	hyō
chita (f)	チーター	chītā
pantera (f)	黒豹	kuro hyō
puma (m)	ピューマ	pyūma
leopardo-das-neves (m)	雪豹	yuki hyō
lince (m)	オオヤマネコ	ōyamaneko
coiote (m)	コヨーテ	koyōte
chacal (m)	ジャッカル	jakkaru
hiena (f)	ハイエナ	haiena

88. Animais selvagens

animal (m)	動物	dōbutsu
besta (f)	獣	shishi
esquilo (m)	リス	risu
ouriço (m)	ハリネズミ [針鼠]	harinezumi
lebre (f)	ヘア	hea
coelho (m)	ウサギ [兎]	usagi
texugo (m)	アナグマ	anaguma
guaxinim (m)	アライグマ	araiguma
hamster (m)	ハムスター	hamusutā
marmota (f)	マーモット	māmotto
toupeira (f)	モグラ	mogura
rato (m)	ネズミ	nezumi
ratazana (f)	ラット	ratto
morcego (m)	コウモリ [蝙蝠]	kōmori
arminho (m)	オコジョ	okojo
zibelina (f)	クロテン	kuroten
marta (f)	マツテン	matsu ten
doninha (f)	イタチ（鼬、鼬鼠）	itachi
vison (m)	ミンク	minku

castor (m)	ピーバー	bībā
lontra (f)	カワウソ	kawauso
cavalo (m)	ウマ［馬］	uma
alce (m)	ヘラジカ（麁鹿）	herajika
veado (m)	シカ［鹿］	shika
camelo (m)	ラクダ［駱駝］	rakuda
bisão (m)	アメリカバイソン	amerika baison
auroque (m)	ヨーロッパバイソン	yōroppa baison
búfalo (m)	水牛	suigyū
zebra (f)	シマウマ［縞馬］	shimauma
antílope (m)	レイヨウ	reiyō
corça (f)	ノロジカ	noro jika
gamo (m)	ダマジカ	damajika
camurça (f)	シャモア	shamoa
javali (m)	イノシシ［猪］	inoshishi
baleia (f)	クジラ［鯨］	kujira
foca (f)	アザラシ	azarashi
morsa (f)	セイウチ［海象］	seiuchi
urso-marinho (m)	オットセイ［膃肭臍］	ottosei
golfinho (m)	いるか［海豚］	iruka
urso (m)	クマ［熊］	kuma
urso (m) branco	ホッキョクグマ	hokkyokuguma
panda (m)	パンダ	panda
macaco (em geral)	サル［猿］	saru
chimpanzé (m)	チンパンジー	chinpanjī
orangotango (m)	オランウータン	oranwutan
gorila (m)	ゴリラ	gorira
macaco (m)	マカク	makaku
gibão (m)	テナガザル	tenagazaru
elefante (m)	ゾウ［象］	zō
rinoceronte (m)	サイ［犀］	sai
girafa (f)	キリン	kirin
hipopótamo (m)	カバ［河馬］	kaba
canguru (m)	カンガルー	kangarū
coala (m)	コアラ	koara
mangusto (m)	マングース	mangūsu
chinchila (m)	チンチラ	chinchira
doninha-fedorenta (f)	スカンク	sukanku
porco-espinho (m)	ヤマアラシ	yamārashi

89. Animais domésticos

gata (f)	猫	neko
gato (m) macho	オス猫	osu neko
cão (m)	犬	inu

cavalo (m)	ウマ［馬］	uma
garanhão (m)	種馬	taneuma
égua (f)	雌馬	meuma
vaca (f)	雌牛	meushi
touro (m)	雄牛	ōshi
boi (m)	去勢牛	kyosei ushi
ovelha (f)	羊	hitsuji
carneiro (m)	雄羊	ohitsuji
cabra (f)	ヤギ［山羊］	yagi
bode (m)	雄ヤギ	oyagi
burro (m)	ロバ	roba
mula (f)	ラバ	raba
porco (m)	ブタ［豚］	buta
leitão (m)	子豚	kobuta
coelho (m)	カイウサギ［飼兎］	kai usagi
galinha (f)	ニワトリ［鶏］	niwatori
galo (m)	おんどり［雄鶏］	ondori
pata (f)	アヒル	ahiru
pato (macho)	雄アヒル	oahiru
ganso (m)	ガチョウ	gachō
peru (m)	雄七面鳥	oshichimenchō
perua (f)	七面鳥［シチメンチョウ］	shichimenchō
animais (m pl) domésticos	家畜	kachiku
domesticado	馴れた	nare ta
domesticar (vt)	かいならす	kainarasu
criar (vt)	飼養する	shiyō suru
quinta (f)	農場	nōjō
aves (f pl) domésticas	家禽	kakin
gado (m)	畜牛	chiku gyū
rebanho (m), manada (f)	群れ	mure
estábulo (m)	馬小屋	umagoya
pocilga (f)	豚小屋	buta goya
estábulo (m)	牛舎	gyūsha
coelheira (f)	ウサギ小屋	usagi koya
galinheiro (m)	鶏小屋	niwatori goya

90. Pássaros

pássaro (m), ave (f)	鳥	tori
pombo (m)	鳩［ハト］	hato
pardal (m)	スズメ（雀）	suzume
chapim-real (m)	シジュウカラ［四十雀］	shijūkara
pega-rabuda (f)	カササギ（鵲）	kasasagi
corvo (m)	ワタリガラス［渡鴉］	watari garasu

gralha (f) cinzenta	カラス [鴉]	karasu
gralha-de-nuca-cinzenta (f)	ニシコクマルガラス	nishikokumaru garasu
gralha-calva (f)	ミヤマガラス [深山烏]	miyama garasu
pato (m)	カモ [鴨]	kamo
ganso (m)	ガチョウ	gachō
faisão (m)	キジ	kiji
águia (f)	鷲	washi
açor (m)	鷹	taka
falcão (m)	ハヤブサ [隼]	hayabusa
abutre (m)	ハゲワシ	hagewashi
condor (m)	コンドル	kondoru
cisne (m)	白鳥 [ハクチョウ]	hakuchō
grou (m)	鶴 [ツル]	tsuru
cegonha (f)	シュバシコウ	shubashikō
papagaio (m)	オウム	ōmu
beija-flor (m)	ハチドリ [蜂鳥]	hachidori
pavão (m)	クジャク [孔雀]	kujaku
avestruz (m)	ダチョウ [駝鳥]	dachō
garça (f)	サギ [鷺]	sagi
flamingo (m)	フラミンゴ	furamingo
pelicano (m)	ペリカン	perikan
rouxinol (m)	サヨナキドリ	sayonakidori
andorinha (f)	ツバメ [燕]	tsubame
tordo-zornal (m)	ノハラツグミ	nohara tsugumi
tordo-músico (m)	ウタツグミ [歌鶫]	uta tsugumi
melro-preto (m)	クロウタドリ	kurōtadori
andorinhão (m)	アマツバメ [雨燕]	ama tsubame
cotovia (f)	ヒバリ [雲雀]	hibari
codorna (f)	ウズラ	uzura
pica-pau (m)	キツツキ	kitsutsuki
cuco (m)	カッコウ [郭公]	kakkō
coruja (f)	トラフズク	torafuzuku
corujão, bufo (m)	ワシミミズク	washi mimizuku
tetraz-grande (m)	ヨーロッパオオライチョウ	yōroppa ōraichō
tetraz-lira (m)	クロライチョウ	kuro raichō
perdiz-cinzenta (f)	ヨーロッパヤマウズラ	yōroppa yamauzura
estorninho (m)	ムクドリ	mukudori
canário (m)	カナリア [金糸雀]	kanaria
galinha-do-mato (f)	エゾライチョウ	ezo raichō
tentilhão (m)	ズアオアトリ	zuaoatori
dom-fafe (m)	ウソ [鷽]	uso
gaivota (f)	カモメ [鴎]	kamome
albatroz (m)	アホウドリ	ahōdori
pinguim (m)	ペンギン	pengin

91. Peixes. Animais marinhos

brema (f)	ブリーム	burīmu
carpa (f)	コイ［鯉］	koi
perca (f)	ヨーロピアンパーチ	yōropian pāchi
siluro (m)	ナマズ	namazu
lúcio (m)	カワカマス	kawakamasu
salmão (m)	サケ	sake
esturjão (m)	チョウザメ［蝶鮫］	chōzame
arenque (m)	ニシン	nishin
salmão (m)	タイセイヨウサケ［大西洋鮭］	taiseiyō sake
cavala, sarda (f)	サバ［鯖］	saba
solha (f)	カレイ［鰈］	karei
lúcio perca (m)	ザンダー	zandā
bacalhau (m)	タラ［鱈］	tara
atum (m)	マグロ［鮪］	maguro
truta (f)	マス［鱒］	masu
enguia (f)	ウナギ［鰻］	unagi
raia elétrica (f)	シビレエイ	shibireei
moreia (f)	ウツボ［鱓］	utsubo
piranha (f)	ピラニア	pirania
tubarão (m)	サメ［鮫］	same
golfinho (m)	イルカ［海豚］	iruka
baleia (f)	クジラ［鯨］	kujira
caranguejo (m)	カニ［蟹］	kani
medusa, alforreca (f)	クラゲ［水母］	kurage
polvo (m)	タコ［蛸］	tako
estrela-do-mar (f)	ヒトデ［海星］	hitode
ouriço-do-mar (m)	ウニ［海胆］	uni
cavalo-marinho (m)	タツノオトシゴ	tatsunootoshigo
ostra (f)	カキ［牡蠣］	kaki
camarão (m)	エビ	ebi
lavagante (m)	イセエビ	iseebi
lagosta (f)	スパイニーロブスター	supainī robusutā

92. Anfíbios. Répteis

serpente, cobra (f)	ヘビ（蛇）	hebi
venenoso	毒…、 有毒な	doku ..., yūdoku na
víbora (f)	クサリヘビ	kusarihebi
cobra-capelo, naja (f)	コブラ	kobura
pitão (m)	ニシキヘビ	nishikihebi
jiboia (f)	ボア	boa
cobra-de-água (f)	ヨーロッパヤマカガシ	yōroppa yamakagashi

cascavel (f)	ガラガラヘビ	garagarahebi
anaconda (f)	アナコンダ	anakonda
lagarto (m)	トカゲ [蜥蜴]	tokage
iguana (f)	イグアナ	iguana
varano (m)	オオトカゲ	ōtokage
salamandra (f)	サンショウウオ [山椒魚]	sanshōuo
camaleão (m)	カメレオン	kamereon
escorpião (m)	サソリ [蠍]	sasori
tartaruga (f)	カメ [亀]	kame
rã (f)	蛙 [カエル]	kaeru
sapo (m)	ヒキガエル	hikigaeru
crocodilo (m)	ワニ [鰐]	wani

93. Insetos

inseto (m)	昆虫	konchū
borboleta (f)	チョウ [蝶]	chō
formiga (f)	アリ [蟻]	ari
mosca (f)	ハエ [蠅]	hae
mosquito (m)	カ [蚊]	ka
escaravelho (m)	甲虫	kabutomushi
vespa (f)	ワスプ	wasupu
abelha (f)	ハチ [蜂]	hachi
mamangava (f)	マルハナバチ [丸花蜂]	maruhanabachi
moscardo (m)	アブ [虻]	abu
aranha (f)	クモ [蜘蛛]	kumo
teia (f) de aranha	クモの巣	kumo no su
libélula (f)	トンボ [蜻蛉]	tonbo
gafanhoto-do-campo (m)	キリギリス	kirigirisu
traça (f)	ガ [蛾]	ga
barata (f)	ゴキブリ [蜚蠊]	gokiburi
carraça (f)	ダニ [壁蝨、蜱]	dani
pulga (f)	ノミ [蚤]	nomi
borrachudo (m)	ヌカカ [糠蚊]	nukaka
gafanhoto (m)	バッタ [飛蝗]	batta
caracol (m)	カタツムリ [蝸牛]	katatsumuri
grilo (m)	コオロギ [蟋蟀、蛬]	kōrogi
pirilampo (m)	ホタル [蛍、螢]	hotaru
joaninha (f)	テントウムシ [天道虫]	tentōmushi
besouro (m)	コフキコガネ	kofukikogane
sanguessuga (f)	ヒル [蛭]	hiru
lagarta (f)	ケムシ [毛虫]	kemushi
minhoca (f)	ミミズ [蚯蚓]	mimizu
larva (f)	幼虫	yōchū

FLORA

94. Árvores

árvore (f)	木	ki
decídua	落葉性の	rakuyō sei no
conífera	針葉樹の	shinyōju no
perene	常緑の	jōryoku no
macieira (f)	りんごの木	ringonoki
pereira (f)	洋梨の木	yōnashinoki
cerejeira (f)	セイヨウミザクラ	seiyōmi zakura
ginjeira (f)	スミミザクラ	sumimi zakura
ameixeira (f)	プラムトリー	puramu torī
bétula (f)	カバノキ	kabanoki
carvalho (m)	オーク	ōku
tília (f)	シナノキ [科の木]	shinanoki
choupo-tremedor (m)	ヤマナラシ [山鳴らし]	yamanarashi
bordo (m)	カエデ [楓]	kaede
espruce-europeu (m)	スプルース	supurūsu
pinheiro (m)	マツ [松]	matsu
alerce, lariço (m)	カラマツ [唐松]	karamatsu
abeto (m)	モミ [樅]	momi
cedro (m)	シダー	shidā
choupo, álamo (m)	ポプラ	popura
tramazeira (f)	ナナカマド	nanakamado
salgueiro (m)	ヤナギ [柳]	yanagi
amieiro (m)	ハンノキ	hannoki
faia (f)	ブナ	buna
ulmeiro (m)	ニレ [楡]	nire
freixo (m)	トネリコ [梣]	toneriko
castanheiro (m)	クリ [栗]	kuri
magnólia (f)	モクレン [木蓮]	mokuren
palmeira (f)	ヤシ [椰子]	yashi
cipreste (m)	イトスギ [糸杉]	itosugi
mangue (m)	マングローブ	mangurōbu
embondeiro, baobá (m)	バオバブ	baobabu
eucalipto (m)	ユーカリ	yūkari
sequoia (f)	セコイア	sekoia

95. Arbustos

arbusto (m)	低木	teiboku
arbusto (m), moita (f)	潅木	kanboku

videira (f)	ブドウ ［葡萄］	budō
vinhedo (m)	ブドウ園 ［葡萄園］	budōen
framboeseira (f)	ラズベリー	razuberī
groselheira-preta (f)	クロスグリ	kuro suguri
groselheira-vermelha (f)	フサスグリ	fusa suguri
groselheira (f) espinhosa	セイヨウスグリ	seiyō suguri
acácia (f)	アカシア	akashia
bérberis (f)	メギ	megi
jasmim (m)	ジャスミン	jasumin
junípero (m)	セイヨウネズ	seiyōnezu
roseira (f)	バラの木	baranoki
roseira (f) brava	イヌバラ	inu bara

96. Frutos. Bagas

fruta (f)	果物	kudamono
frutas (f pl)	果物	kudamono
maçã (f)	リンゴ	ringo
pera (f)	洋梨	yōnashi
ameixa (f)	プラム	puramu
morango (m)	イチゴ（苺）	ichigo
ginja, cereja (f)	チェリー	cherī
ginja (f)	サワー チェリー	sawā cherī
cereja (f)	スイート チェリー	suīto cherī
uva (f)	ブドウ ［葡萄］	budō
framboesa (f)	ラズベリー（木苺）	razuberī
groselha (f) preta	クロスグリ	kuro suguri
groselha (f) vermelha	フサスグリ	fusa suguri
groselha (f) espinhosa	セイヨウスグリ	seiyō suguri
oxicoco (m)	クランベリー	kuranberī
laranja (f)	オレンジ	orenji
tangerina (f)	マンダリン	mandarin
ananás (m)	パイナップル	painappuru
banana (f)	バナナ	banana
tâmara (f)	デーツ	dētsu
limão (m)	レモン	remon
damasco (m)	アンズ ［杏子］	anzu
pêssego (m)	モモ ［桃］	momo
kiwi (m)	キウイ	kiui
toranja (f)	グレープフルーツ	gurēbu furūtsu
baga (f)	ベリー	berī
bagas (f pl)	ベリー	berī
arando (m) vermelho	コケモモ	kokemomo
morango-silvestre (m)	ノイチゴ ［野いちご］	noichigo
mirtilo (m)	ビルベリー	biruberī

97. Flores. Plantas

flor (f)	花	hana
ramo (m) de flores	花束	hanataba
rosa (f)	バラ	bara
tulipa (f)	チューリップ	chūrippu
cravo (m)	カーネーション	kānēshon
gladíolo (m)	グラジオラス	gurajiorasu
centáurea (f)	ヤグルマギク [矢車菊]	yagurumagiku
campânula (f)	ホタルブクロ	hotarubukuro
dente-de-leão (m)	タンポポ [蒲公英]	tanpopo
camomila (f)	カモミール	kamomīru
aloé (m)	アロエ	aroe
cato (m)	サボテン	saboten
fícus (m)	イチジク	ichijiku
lírio (m)	ユリ [百合]	yuri
gerânio (m)	ゼラニウム	zeranyūmu
jacinto (m)	ヒヤシンス	hiyashinsu
mimosa (f)	ミモザ	mimoza
narciso (m)	スイセン [水仙]	suisen
capuchinha (f)	キンレンカ [金蓮花]	kinrenka
orquídea (f)	ラン [蘭]	ran
peónia (f)	シャクヤク [芍薬]	shakuyaku
violeta (f)	スミレ [菫]	sumire
amor-perfeito (m)	パンジー	panjī
não-me-esqueças (m)	ワスレナグサ [勿忘草]	wasurenagusa
margarida (f)	デイジー	deijī
papoula (f)	ポピー	popī
cânhamo (m)	アサ [麻]	asa
hortelã (f)	ミント	minto
lírio-do-vale (m)	スズラン [鈴蘭]	suzuran
campânula-branca (f)	スノードロップ	sunōdoroppu
urtiga (f)	イラクサ [刺草]	irakusa
azeda (f)	スイバ	suiba
nenúfar (m)	スイレン [睡蓮]	suiren
feto (m), samambaia (f)	シダ	shida
líquen (m)	地衣類	chī rui
estufa (f)	温室	onshitsu
relvado (m)	芝生	shibafu
canteiro (m) de flores	花壇	kadan
planta (f)	植物	shokubutsu
erva (f)	草	kusa
folha (f) de erva	草の葉	kusa no ha

folha (f)	葉	ha
pétala (f)	花びら	hanabira
talo (m)	茎	kuki
tubérculo (m)	塊茎	kaikei
broto, rebento (m)	シュート	shūto
espinho (m)	茎針	kuki hari
florescer (vi)	開花する	kaika suru
murchar (vi)	しおれる	shioreru
cheiro (m)	香り	kaori
cortar (flores)	切る	kiru
colher (uma flor)	摘む	tsumamu

98. Cereais, grãos

grão (m)	穀物	kokumotsu
cereais (plantas)	禾穀類	kakokurui
espiga (f)	花穂	kasui
trigo (m)	コムギ［小麦］	komugi
centeio (m)	ライムギ［ライ麦］	raimugi
aveia (f)	オーツムギ［オーツ麦］	ōtsu mugi
milho-miúdo (m)	キビ［黍］	kibi
cevada (f)	オオムギ［大麦］	ōmugi
milho (m)	トウモロコシ	tōmorokoshi
arroz (m)	イネ［稲］	ine
trigo-sarraceno (m)	ソバ［蕎麦］	soba
ervilha (f)	エンドウ［豌豆］	endō
feijão (m)	インゲンマメ［隠元豆］	ingen mame
soja (f)	ダイズ［大豆］	daizu
lentilha (f)	レンズマメ［レンズ豆］	renzu mame
fava (f)	豆類	mamerui

PAÍSES DO MUNDO

99. Países. Parte 1

Afeganistão (m)	アフガニスタン	afuganisutan
África do Sul (f)	南アフリカ	minami afurika
Albânia (f)	アルバニア	arubania
Alemanha (f)	ドイツ	doitsu
Arábia (f) Saudita	サウジアラビア	saujiarabia
Argentina (f)	アルゼンチン	aruzenchin
Arménia (f)	アルメニア	arumenia
Austrália (f)	オーストラリア	ōsutoraria
Áustria (f)	オーストリア	ōsutoria
Azerbaijão (m)	アゼルバイジャン	azerubaijan
Bahamas (f pl)	バハマ	bahama
Bangladesh (m)	バングラデシュ	banguradeshu
Bélgica (f)	ベルギー	berugī
Bielorrússia (f)	ベラルーシー	berarūshī
Bolívia (f)	ボリビア	boribia
Bósnia e Herzegovina (f)	ボスニア・ヘルツェゴヴィナ	bosunia herutsegovina
Brasil (m)	ブラジル	burajiru
Bulgária (f)	ブルガリア	burugaria
Camboja (f)	カンボジア	kanbojia
Canadá (m)	カナダ	kanada
Cazaquistão (m)	カザフスタン	kazafusutan
Chile (m)	チリ	chiri
China (f)	中国	chūgoku
Chipre (m)	キプロス	kipurosu
Colômbia (f)	コロンビア	koronbia
Coreia do Norte (f)	北朝鮮	kitachōsen
Coreia do Sul (f)	大韓民国	daikanminkoku
Croácia (f)	クロアチア	kuroachia
Cuba (f)	キューバ	kyūba
Dinamarca (f)	デンマーク	denmāku
Egito (m)	エジプト	ejiputo
Emirados Árabes Unidos	アラブ首長国連邦	arabu shuchō koku renpō
Equador (m)	エクアドル	ekuadoru
Escócia (f)	スコットランド	sukottorando
Eslováquia (f)	スロバキア	surobakia
Eslovénia (f)	スロベニア	surobenia
Espanha (f)	スペイン	supein
Estados Unidos da América	アメリカ合衆国	amerika gasshūkoku
Estónia (f)	エストニア	esutonia
Finlândia (f)	フィンランド	finrando
França (f)	フランス	furansu

100. Países. Parte 2

Gana (f)	ガーナ	gāna
Geórgia (f)	グルジア	gurujia
Grã-Bretanha (f)	グレートブリテン島	gurētoburiten tō
Grécia (f)	ギリシャ	girisha
Haiti (m)	ハイチ	haichi
Hungria (f)	ハンガリー	hangarī
Índia (f)	インド	indo
Indonésia (f)	インドネシア	indoneshia
Inglaterra (f)	イギリス	igirisu
Irão (m)	イラン	iran
Iraque (m)	イラク	iraku
Irlanda (f)	アイルランド	airurando
Islândia (f)	アイスランド	aisurando
Israel (m)	イスラエル	isuraeru
Itália (f)	イタリア	itaria
Jamaica (f)	ジャマイカ	jamaika
Japão (m)	日本	nihon
Jordânia (f)	ヨルダン	yorudan
Kuwait (m)	クウェート	kuwēto
Laos (m)	ラオス	raosu
Letónia (f)	ラトビア	ratobia
Líbano (m)	レバノン	rebanon
Líbia (f)	リビア	ribia
Liechtenstein (m)	リヒテンシュタイン	rihitenshutain
Lituânia (f)	リトアニア	ritoania
Luxemburgo (m)	ルクセンブルク	rukusenburuku
Macedónia (f)	マケドニア地方	makedonia chihō
Madagáscar (m)	マダガスカル	madagasukaru
Malásia (f)	マレーシア	marēshia
Malta (f)	マルタ	maruta
Marrocos	モロッコ	morokko
México (m)	メキシコ	mekishiko
Myanmar (m), Birmânia (f)	ミャンマー	myanmā
Moldávia (f)	モルドヴァ	morudova
Mónaco (m)	モナコ	monako
Mongólia (f)	モンゴル	mongoru
Montenegro (m)	モンテネグロ	monteneguro
Namíbia (f)	ナミビア	namibia
Nepal (m)	ネパール	nepāru
Noruega (f)	ノルウェー	noruwē
Nova Zelândia (f)	ニュージーランド	nyūjīrando

101. Países. Parte 3

Países (m pl) Baixos	ネーデルラント	nēderuranto
Palestina (f)	パレスチナ	paresuchina

Panamá (m)	パナマ	panama
Paquistão (m)	パキスタン	pakisutan
Paraguai (m)	パラグアイ	paraguai
Peru (m)	ペルー	perū
Polinésia Francesa (f)	フランス領ポリネシア	furansu ryō porineshia

Polónia (f)	ポーランド	pōrando
Portugal (m)	ポルトガル	porutogaru
Quénia (f)	ケニア	kenia
Quirguistão (m)	キルギス	kirugisu
República (f) Checa	チェコ	cheko
República (f) Dominicana	ドミニカ共和国	dominikakyōwakoku
Roménia (f)	ルーマニア	rūmania

Rússia (f)	ロシア	roshia
Senegal (m)	セネガル	senegaru
Sérvia (f)	セルビア	serubia
Síria (f)	シリア	shiria
Suécia (f)	スウェーデン	suwēden
Suíça (f)	スイス	suisu
Suriname (m)	スリナム	surinamu

Tailândia (f)	タイ	tai
Taiwan (m)	台湾	taiwan
Tajiquistão (m)	タジキスタン	tajikisutan
Tanzânia (f)	タンザニア	tanzania
Tasmânia (f)	タスマニア	tasumania
Tunísia (f)	チュニジア	chunijia
Turquemenistão (m)	トルクメニスタン	torukumenisutan

Turquia (f)	トルコ	toruko
Ucrânia (f)	ウクライナ	ukuraina
Uruguai (m)	ウルグアイ	uruguai
Uzbequistão (f)	ウズベキスタン	uzubekisutan
Vaticano (m)	バチカン	bachikan
Venezuela (f)	ベネズエラ	benezuera
Vietname (m)	ベトナム	betonamu
Zanzibar (m)	ザンジバル	zanjibaru